빵빵 터지는 영어 시스템 만들기

발행일	2021년 3월 26일		
지은이	마이클 K		
펴낸이	손형국		
펴낸곳	(주)북랩		
편집인	선일영	편집	정두철, 윤성아, 배진용, 김현아, 이예지
디자인	이현수, 김민하, 한수희, 김윤주, 허지혜	제작	박기성, 황동현, 구성우, 권태련
마케팅	김회란, 박진관		
출판등록	2004. 12. 1(제2012-000051호)		
주소	서울특별시 금천구 가산디지털 1로 168, 우림라이온스밸리 B동 B113~114호, C동 B101호		
홈페이지	www.book.co.kr		
전화번호	(02)2026-5777	팩스	(02)2026-5747

ISBN   979-11-6539-683-1 03740 (종이책)   979-11-6539-684-8 05740 (전자책)

빵빵 터지는 영어 시스템 만들기

마이클 K 지음

★ 영어는 시스템이다!
★ 소리, 어순, 리듬으로 깨우치는 만능 영어학습법

북랩 book Lab

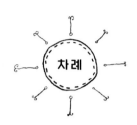

차 례

J 후배(이하 J): "선생님~"

M 선배(이하 M): 갑자기 웬 선생님?

J: 선배님께서 오늘부터 영어를 가르쳐 주시기로 했으니까
선생님 맞죠.

M: 나도 잘하진 못하지만 가르쳐 달라고 부탁을 하니까
그냥 내가 아는 선에서 아는 부분을 이야기해 주려고
하는 거니까, 선생님보다는 그냥 하던 대로 선배님으로
하자고. 그게 편할 것 같은데.

J: 네. 알겠어요. 그럼 그냥 하던 대로.
선배님 저 그럼 어떤 것부터 시작해야 할까요?

M: 일단은 지금 수준이 어느 정도인지 알아야 할 것 같은데.

J: 제 수준이요?

M: 그렇지 지금 수준.

J: 한다고는 했지만 거의 제로라고 봐야 할 것 같아요.
해도 해도 항상 제자리인 것 같고 조금 알 것 같다가도
금방 원래 상태로 돌아가는 것 같아요.

M: 그럼 좋아. 지금 수준은 제로 상태로 보고 처음부터 시작하
자고 그게 더 나을 수도 있으니까.

J: 알겠습니다.

M: 그럼 처음이니까 내가 하나 물어볼게.

J: 네.

M: 'I am' 하면 뭐가 떠오르지?

J: 음~ 일단은 주어 'I'가 생각나고 그다음에 'I'에 맞는
Be동사 'am' 이 정도 생각나고요.
'I am, 나는 ~이다.' 이것도 생각나고 이 정도인데요.

M: 그렇지. 우리나라 사람들 대부분이 아마 같은 생각을
하고 있을 거야. 그렇지?

J: 네.

M: 그렇다면은 조금만 더 가볼까?

J: 조금 더요?

M: 응. 조금 더.

이렇게.

'I am a   '

J: '아이엠 어   '요?

M: 그렇지 아이엠 어 'I am a   '

J: 음~ '아이엠 어   '

그러면 저는… 여기까지 보니까

음~

'I am a boy'

'I am a student' 정도요?

호호

이 정도가 생각나는 것 같은데요.

M: 좋아. 잘한 거야.

J: 제가요?

M: 응. 맞아. 잘한 거야. 아주 잘한 거라고 할 수 있어.

내가 전에 어떤 학생한테 한 번 물어본 적이 있는데

그 학생이 그러더라고.

"나는 '어' 입니다."

J: 호호. '어'요?

M: 응 '어'.

J: 호호

호호호호호

M: 아무튼 'I am'을 보았을 때와 'I am a'까지 보았을 때 문장 자체로서는 별 차이가 없어 보이지만 우리가 받아들이는 데에는 차이가 조금 있거든.

J: 네. 맞아요. 선배님.
약간, 영어를 생각하는 데 있어서 무언가가 다른 것 같아요.
느낌적으로.
지금까지는 'I am'이나 'I am a boy'까지 보고 생각했었던 것 같은데, 'I am a'까지 보고 생각해 본 적은 없는 것 같아요.

M: 맞아. 지금까지 보아 온 형태와는 조금 다를 수 있어.
지금 내가 하고자 하는 이야기도 바로 이 부분과 같다고 할 수 있지.
지금까지 보아 온 영어의 학습방식에 조금 더 다양한, 그러니까 다르다기보다는 조금 더 다양한 시각과 생각으로 접근해 보면 어떨까 하는 그런 부분이거든.

J: 조금 더 다양한 시각과 생각이요?

M: 그렇지. 조금 더 이야기를 하자면, 우리들 자신의 생각을 전환하는 것과 연관 있을 수 있어.

J: 생각의 전환이요?

M: 그래 맞아. 생각의 전환. 우리들 자신의 생각을 전환, 그러니까 생각을 바꿈으로써 영어 학습이 조금 더 실제적으로 될 수 있었으면 한다는 것이지.

J: 아, 네.

M: 우리가 'I am'을 보았을 때는 주어, 동사 같은 문법적인 부분이나 '나는'이나 '~이다' 같은 즉, 우리말이 생각이 났다면 'I am a'까지 보았을 경우에는 'boy'라든가 'student' 같은 영어 자체가 생각나거든.
이 부분이 중요한 거야. 영어 자체가 떠오르는 부분.
우리 머릿속에. 그것도 우리가 보이는 부분에 약간의 변화만 주었는데도 말이지.

J: 선배님 진짜 그런 것 같아요.
'I am'을 봤을 때는 Be동사, 주어 등등이 생각났는데
'I am a'까지 봤을 때는 다른 생각이 나지 않고
영어만 생각이 났던 것 같아요.
잘은 모르겠지만 뭔가 조금 희망이 생기는 것 같아요.
그리고 왠지 잘 될 것 같은 느낌이 들어요.

M: 그 느낌이 현실이 돼서 J 후배가 영어를 할 수 있게 되길 바랄게.

J: 선배님, 많이 가르쳐 주세요. 부탁드릴게요.

M: 내가 아는 부분에 관해서는 전부 다 가르쳐 줄 테니까 한

번 해보자고.

정확히 말하지만 영어는 쉽지 않아.

많은 부분에서 어려운, 넘기 힘든 벽을 만나게 될 거야.

J: 네, 하지만 선배님이 계시잖아요. 도와주실 거죠?

M: 응, 그래, 그러자고. 같이 한번 넘어 보자고.

J: 네, 감사합니다. 선배님.

열심히 해 볼게요.

M: 좋아. 그러면 잠시 쉬었다가 본격적으로 시작해 보자고.

J: 네.

듣기 ① 소리

M: 영어를 배우기 위해서 지금까지 어떤 방법들을
시도했었지?
생각나는대로 얘기해 줄 수 있겠어?

J: 호호, 정말 여러 가지 안 해 본 방법이 없는 것 같아요.
일단 단어 외웠고요, 문법도 책으로 한번 보고
인터넷 강의로도 들어보고 참, 그리고 단어책은 참고로
말씀드리면 2권 있고요, 문법책은 3권, 또 패턴식으로
된 책도 1권 있고, 부분적으로 더 자세하게 기술된 책이
몇 권 더 있고요. 예를 들어서 동사구 라든가 또 전치사,
콜로케이션 등등 따로 설명된 책이요. 학원도 다녀봤고요.

M: 하하, 내가 처음 영어를 배우려고 했을 때와 비슷하네.
나도 학원도 다녀봤고 책도 많이 갖고 있거든. 영어 공부
를 하다 보면 꼭 필요하다고 느껴지는 책들이 있지.

이 책만 잘 공부하면 영어가 잘 될 것 같은데, 의지의
부족인지 능력의 부족인지 모르겠지만 잘 안되더라고.
그래서 다른 책을 보고, 또 다른 방법을 찾게 되고.

J: 선배님도요?

M: 그렇지
나도 많은 방법들을 시도했었지.

J: 아, 네.

M: 그래도 지금 와서 생각해 보면 그 방법들이 다 맞는 방법
들이었던 것 같아. 다 이유가 있고 또 필요한 부분이었던
것 같고.

J: 네.

M: 그리고 많은 방법들만큼 우리의 실천도 필요한 것 같고.

J: 네, 맞아요, 선배님. 실천이 정말 중요한 것 같아요.
좋은 방법들이 많이 있지만 실천하지 않으면 아무것도
될 수가 없으니까요.

M: 그렇지. 평범한 것 같지만 굉장히 필요한 이야기지.

J: 네, 맞아요, 선배님. 그런 것 같아요.

M: 그리고 지금 우리가 하려고 하는 이야기도 하나의 방법
일 수가 있거든. 실천이 필요한 부분이기도 하고.

J: 아, 네.

M: 좋아. 그러면…

J: 네.

M: 이제는 우리의 이야기를 조금 더 진행해볼까?

J: 네.

M: 그러면, J 후배는 지금까지 영어 공부를 해오면서 가장 어려웠던 부분이 어떤 부분이었다고 생각해?

J: 저요?

M: 응

J: 저는… 다 어려웠던 것 같은데요.

M: 하하, 그렇지, 물론 다 어려웠겠지만…

J: 음…. 단어를 외우기도 힘들었던 것 같고…

M: 단어.

J: 네, 단어.

M: 맞아. 단어 외우기 힘들지. 정말 힘들지.
그리고 단어를 외울 때 힘든 부분을 한 번 더 생각해 보면 다시 외울 때인 것 같아.

J: 호호, 네, 맞아요, 선배님.

단어는 한 번 외우기도 힘들지만, 외운 것을 자꾸 잊어버
리니까, 그, 다시 외워야 하는 부분이 정말 힘든 것 같아요.
외우면 잊어버리고, 외우면 잊어버리고, 또 외우면 또
잊어버리고….

M: 하하, 맞아.

J: 그래도 또 해야 되겠죠?

M: 그렇지. 단어는 알아야 되겠지. 근처만이라도 가 보려고
마음을 먹었다 하더라도 가려야 갈 수가 없거든, 모르면.

J: 호호, 맞는 것 같아요.
알겠습니다. 선배님. 단어 열심히 잊어버리겠습니다.

M: 하하. 반복하다 보면 남을 거야.

J: 네. 알겠습니다. 선배님. 반복. 반복.

M: 하하.

M: 그리고, 다 어렵다고 했잖아?

J: 네?

M: 영어 공부하면서.

J: 아, 네.

M: 그러면 질문을 조금 바꿔서 해볼까?

J: 네.

M: 우리가

영어에는 듣기, 말하기, 읽기, 쓰기가 있다고 하잖아.

J: 네.

M: 그러면 J 후배는 영어 공부를 시작한다면 이 네 부분

중에서 어느 부분부터 시작하면 좋을 것 같아?

J: 저요?

M: 응.

J: 저는요… 음… 말하기? 듣기? 아니면….

음… 저는요, 음… 듣기가 괜찮을 것 같은데요.

M: 듣기. 왜 듣기를 선택했지?

J: 음…

일단 들을 수 있어야 될 것 같아요.

왜냐하면 내 말만 한다고 해서 의사 소통이 되지는 않을

것 같거든요.

상대방의 말을 알아들으면 어떻게 해서라도 내 의사는

전달할 수 있을 것 같아서요.

M: 그렇군.

나도 처음에 영어를 배우려고 했을 때 J 후배와 같은 생각

을 했었던 것 같아.

의사를 전달하고 받기 위해서는 듣기가 먼저라고 생각했

거든. 어떤 부분을 먼저 하는가는 나의 선택의 문제였지만 나도 듣기를 먼저 선택했었던 것 같아.

J: 네 맞아요. 듣기, 말하기, 읽기, 쓰기 모두 중요하지만 일단은 상대방의 말뜻을 아는 게 먼저인 것 같아요.

M: 그렇지, 좋아. 그러면 일단 듣기부터.

J: 네, 선배님.

M: 듣기와 관련된 이야기부터 시작을 해보자고.

J: 왠지 긴장이 되는데요.

M: 긴장하지 말고 편안하게 들으면 될 것 같아. 무슨 일이든 제일 중요한 것은 긴장하지 않고 차분하게 하는 거야. 그게 중요한 것 같아.

J: 네, 알겠습니다. 긴장하지 않고 차분하게 듣겠습니다.

M: 알겠어. 그럼 시작하면서 하나 물어볼게.

J: 네.

M: 우리가 영어를 '듣는다'라는 것은 정확하게 무엇을 의미하는 걸까? 그냥 귀로 소리를 듣는 것을 의미하는 걸까?

J: 음… 그냥 영어를 듣는다, 또는 많이 듣는 것에 대해서만 생각해 봤지, '듣는다'라는 자체의 의미는 생각해 본적이

없는 것 같은데요.

M: 왜 이렇게 물어보냐 하면 우리가 영어를 실질적으로 다
들고 있거든.
우리가 우리 귀로 소리를 듣고 있다는 얘기지.
영어 자체를 다 듣고 있는데, 우리는 영어가 안
들린다고 하잖아. 왜 그럴까?
우리는 분명히 영어를 듣고 있는데 안 들린다고 하고 또는
들렸다 안 들렸다 한다고 하고, 또 조금 들리는 것 같긴
한데 아닌 것 같기도 하다고 하고, 듣기와 관련되어서 들리
고 안 들리고의 차이가 영어를 하느냐 그렇지 않느냐의 차
이를 가르는 기준이 되고 있거든. 실제적으로 우리가 영어
를 다 듣고 있는데도 말이지.

J: 음… 이 부분은 조금 생각을 해 봐야 할 것 같아요. 영어
를 듣고 있는데 안 들린다고 하는 문제에 대해서요.
우리가 영어가 안 들린다고 하는 부분은 쉽게 생각해 보면
의미를 알아듣지 못한다는 얘기 아닐까요?
"지금 학교 가야해"라는 얘기를 영어의 여러 부분 중에서
소리라는 부분을 통해 의미를 전달하고자 하는데
모국어가 영어가 아닌 사람들은 그 의미를 알지 못할 때
영어의 소리를 듣고 있지만 안 들린다고 얘기하는 것
같아요.

M: 역시 J 후배는 똑똑해. 내가 가르쳐 주는 보람이 생기네.

J: 일반적으로 다 이렇게 생각하지 않을까요?

M: 일반적으로 다 그렇진 않은 것 같더라고. 왜냐하면
문제의 본질적인 부분을 간과하는 부분이 많더라고.
문제해결을 위해서는 본래 가지고 있는 부분에 집중하면
답이 나오는 경우가 종종 있는데 본질을 무시하고
주변에만 더 많은 생각을 해서 답을 찾지 못하는 경우가
많이 있는 것 같더라고.

J: 선배님 그러면 듣고 있으면서도 못 듣는 부분 즉 소리는
들리지만 무슨 의미인지는 모르는 부분에 대해서
본질적인 문제는 무엇일까요?

M: 우리가 영어를 통해 상대방이 전달하려 하는 의미를 전달
받는 게 궁극적 목표라면 우리는 의미를 전달받는 것에
집중하면 될까?

J: 그렇죠. 그건 당연한 부분인 것 같아요.
의미를 알기 위해서니까 의미를 알아가는 부분에
집중해야 하는 것이겠죠.

M: 그럼 다시 물어볼게.
의미는 어떤 것을 통해 전달받으려고 하고 있지?

J: 아하.
아까 말씀하신 것처럼 영어의 여러 부분 중에서 소리를
통해 전달하고 전달받는 거니까 의미를 알아가기 전에

소리 자체를 먼저 해결해야 된다는 이야기를 하시려는
거죠?

M: 역시 스마트해.

J: 그런데 소리 자체를 어떻게 이해하나요?
그저 우리 귀로 들리는 소리인데요.

M: J 후배는 혹시 TV를 보다가 다른 생각을 해서 중간 부분
을 듣지 못했던 기억이 있어?

J: 그럼요 엄청 많죠. 수업시간에도 딴 생각을 해서 선생님
말씀을 못 듣고 넘어간 적이 많이 있죠. 호호.

M: 그렇다면 반대로 집중해서 들으면 내용을 놓치지 않고 다
들을 수 있다는 얘기가 되겠네. 그렇지?

J: 네 그렇죠. 아, 잠깐만요.
설마 영어도 집중해서 들으면 들을 수 있다는 말씀을
지금 하려고 하시는 건 아니죠?

M: 하하.
집중해서 들으면 영어를 들을 수 있다는 얘기는 듣기만
해도 귀가 솔깃해지는 얘기지? 그렇지?

J: 그럼요. 하지만 그건 현실성이 조금….

M: 맞아, 그건 현실성이 없지.
하지만 우리가 한 번 더 생각해 봐야 하는 것은 우리가

집중했을 때와 그렇지 않았을 때의 차이라는 거야. 어떤 차이가 내용을 이해하고 그렇지 못하는 결과의 차이를 만들어 내느냐 하는 것이지.

J: 음… 그건 단지 집중과 분산?

M: 어렵게 말하면 그렇다고 할 수 있지만 쉽게 생각해 보면 우리가 우리의 생각을 어느 쪽에 두었느냐의 차이라고 할 수 있겠지. 집중 쪽 아니면 그렇지 않은 쪽. 결과적으로 생각의 차이라고 할 수 있다는 것이지.

J: 생각의 차이요?

M: 그렇지. 생각의 차이.

J: 그렇다면 영어듣기를 할 때도 어떻게 생각하느냐에 따라 결과가 달라질 수 있다는 말씀이신가요?

M: 그렇지. 바로 생각. 우리가 생각을 어떻게 하면서 듣느냐 에 따라서 다른 결과를, 전혀 다른 결과를 만들어 낼 수 있다는 얘기지.

J: 점점 궁금해지는데요.
영어는 그냥 들리는대로 들어서, 많은 시간을 투자해서 내 귀에 익숙해질 때까지 들어야 하는 걸로 알고 있었 거든요. 당연히 그런 거고, 누구나 다 그렇게 하고 있기 때문에 다른 생각, 즉 들을 때 우리가 어떤 생각을 하느냐 하는 것은 정말 생각도 못 해 봤던 것 같아요. 그냥 듣기만 하는 거죠.

M: 맞아.

그동안 우리가 했던 영어 듣기와 관련된 부분에 대해서 정확하게 말해준 거야. J 후배가.

우리가 아는, 영어 듣기와 관련된 부분은 일단 시간 투자라고 할 수 있지.

J: 네 맞아요. 시간 투자. 그것도 엄청난 시간 투자.

M: 하지만 '엄청난'이라고 표현할 만큼 많은 시간을 투자하고도 현실은 어땠어? 잘 들렸어?

J: 진짜로 말씀드리는데요, 더 안들리는 것 같아요.

어떻게, 하면 할수록 더 안들리는것 같더라고요.

M: 하하, 고생 많이 했네.

J: 네 너무 힘들더라구요. 무슨 소린지도 모르는데 계속 듣고 있어야 한다는 건 정말이지 힘든 일 같아요.

M: 그럼 이제 조금 다르게 접근해 보자고.

조금 전에 말한 대로 우리의 생각을 바꿈으로써, 어떻게 보면 생각의 위치를 바꿈으로써 영어 듣기를 해볼 건데, 내가 설명하는 동안에 이해 안되는 부분이 있으면 그때 그때 질문하면 돼. 알겠지?

J: 네 알겠습니다.

M: 우리가 우리 말로 된 책을 봤을 때 띄어쓰기가 되어 있는 걸 알 수 있지?

J: 네.

M: 우리는 띄어쓰기대로 읽도록 배우잖아. 그렇지?

J: 네.

M: 그럼 영어는 어떤 것 같아?
영어도 띄어쓰기가 되어 있잖아.

J: 네? 띄어쓰기요? 영어에서요?

M: 응, 영어에서의 띄어쓰기.

J: 음, 영어에서는, 그러니까, 영어에서는 띄어쓰기가 어떻게 되어 있더라….
음, 그냥 단어마다 띄어쓰기가 되어 있었던 것 같아요.

M: 그렇지. 영어는 단어마다 띄어쓰기가 되어 있지.
예를 들면
I am a boy.
이렇게, 또
You are a student.
이렇게.

J: 네 맞아요. 헷갈렸는데 보니까 확실히 알 것 같아요.
단어마다 띄어쓰기가 되어 있어요. 영어는.

M: 이 부분에 우리는 주목해 볼거야. 첫 번째로. 영어 듣기에 있어서.

J: 이 부분이라 함은 영어의 띄어쓰기 부분을 말씀하시는 건가요?

M: 그렇지. 역시 똑똑해. J 후배는.
그리고 한 가지 더 미리 설명하자면 띄어쓰기를 역으로 생각해 볼거야.

J: 역으로요? 반대로 생각해 본다구요?

M: 그래 맞아. 반대로.

J: 점점 무엇인가 재미있어지는 것 같고, 점점 기대가 되는데요.
제발 저의 이 기대를 저버리지 않으시길 바랄게요.

M: 하하.
기대가 크면 실망도 크니까 너무 기대는 하지 말고 가보자고. 한 걸음씩.

J: 네 알겠습니다. 한 걸음씩. 너무 큰 기대는 잠시 미뤄 두고요.

M: 바로 그거야.

J: 참, 그런데 아까 말씀하신 것 중에 첫 번째라고 하셨는데 그럼 두 번째, 세 번째도 있다는 말씀이신가요?

M: 역시 J 후배는 다시 한 번 말하지만 똑똑한 것 같아.
핵심을 놓치지 않거든.

J: 호호.

M: 맞아. 두 번째 세 번째까지 있어.
말이 나왔으니까 대략적인 설명을 더 하자면 우리는 영어
소리 듣기를 세 단계로 나눠서 접근할 거야.

J: 세 단계요?
아니, 그냥 내 귀를 통해 들리는대로 들어야 하는 영어
소리 듣기를 세 단계로 나눠서 듣는다고요?
사람이 무슨 소리 분석기도 아닌데 그게 가능할까요?

M: 하하.
우리 사람이 소리 분석기는 아니지만 생각을 할 수
있잖아. 아까 말한 대로 생각의 전환을 통해 접근해
보자는 얘기지.

J: 아, 생각의 전환.

M: 그렇지. 생각의 전환.
그럼 다시 본론으로 돌아가서 영어 띄어쓰기를 생각해
보자고.

J: 네.

M: 영어는 아까 말한 대로 단어마다 띄어쓰기가 되어 있잖아.

그렇지?

J: 네.

M: 그럼 영어를 사용하는 원어민들이 책을 읽을 때 영어를 단어별로 띄어서 읽을까?

J: 네?

M: 원어민들이 책을 읽을 때 우리처럼 띄어쓰기를 지키면서 읽느냐는 거야.

J: 그건 아닌 것 같아요. 갑자기 물어보시니까 헷갈리긴 하는데 생각해 보면 띄어서 읽긴 읽는 것 같은데, 잘 모르겠어요.

M: 음. 그렇구나.

J: 선배님, 혹시 우리가 영어 문장 볼 때 하는 끊어 읽기와 관련되어 있다는 말씀을 하려고 하시는 건가요?

M: 끊어 읽기?

J: 네 끊어 읽기요. 우리가 독해할 때 많이 하거든요. 끊어 읽기를. 직독직해 하려고요.

M: 끊어 읽기나 직독직해와 관련된 부분도 이야기하려고 하는데, 그 부분은 조금 나중에 하려고 하거든. 지금 우리는 듣기에 집중하는 단계니까.

J: 아, 네.

M: 듣기 얘기를 조금 더 해보자고.

J: 네 알겠습니다. 그럼 끊어 읽기와 관련이 있는 것도 아니고 원어민들은 그럼 어떻게 읽는 걸까요?

M: 아까 말한대로 또 본대로 영어는 단어마다 띄어쓰기가 되어 있지.
하지만 원어민들은 단어마다 띄어 읽기를 하지 않아.
띄어 읽기를 하는 것이 아니라,

J: 아니라,

M: 중요한 점은,

J: 네, 중요한 점은,

M: 오히려,

J: 오히려,

M: 음~
붙여 읽는다는 것이지.

J: 푸훗, 어휴, 선배님 '음~'에서 숨 넘어갈 뻔했어요.
잠시지만….
그런데요 선배님, 별 내용이 아니잖아요. 단어마다 붙여서 읽는 게 뭐가 그렇게 중요한 거죠? 그렇지 않은 것 같아요.

M: 하하. 알았어. 그러면 내가 조금 더 설명해 볼게.

진짜 중요한 부분은 영어는 단어마다 붙여서만 읽는 것이 아니고,

J: 아니고,

M: 띄어서 읽는 부분도 있다는 거야.

J: 간단한 부분인데 너무 헷갈리게 설명하시는 거 아닌가요? 저를 놀리시려고요.

M: 하하, 절대 놀리는 것이 아니고 이해를 돕기 위해서야.

한 번 더 생각해 보자고.

아까 내가 말한 것처럼 단어마다 띄어쓰기가 되어 있는 부분을 역으로 생각해 본다고 했잖아.

J: 네, 맞아요.

M: 그렇다면 띄어쓰기가 되어 있는 부분과 읽을 때 띄어 읽는 부분을 전부 붙여서 생각을 해보자는 거야.

'I am a boy.', 'You are a student.' 이 두 문장을 이렇게,

'IamaboyYouareastudent.'

J: 두 문장에 띄어쓰기가 없네요. 단어 사이도요.

영어는 영어인데 영어 같지가 않네요.

M: 하하, 그렇지. 약간.

하지만 우리에게 영어를 듣게 해 줄 수도 있는,

영어이지만 약간 영어 같지 않은, J 후배의 말을 빌리자면,
모양이지. 굉장히 중요한 부분이야.

우리가 영어를 들을 때 우리 머릿속에 가지고 있어야 할
생각을 그대로 나타낸 모양의 문장이니까.

J: 영어를 들을 때 우리 머릿속의 생각의 모양이라고요?

M: 그렇지. 우리 머릿속 생각의 모양.

우리가 영어를 들을 때 이 문장처럼 생각하고 있어야
된다는 거야.

한마디로 '영어는 이어져 있다.'

J: '영어는 이어져 있다?'

M: 그렇지. 바로 그거야.

'영어는 이어져 있다.'

'IamaboyYouareastudent.' 이 문장을 한 번 읽어보겠어?

J: 네.

'IamaboyYouareastudent.'

M: 영어는 계속해서 이어져 있다는 생각. 그리고 이어져
있을 뿐만 아니라 '끊임없이' 이어져 있다는 생각을
하면서 영어를 들어보면 지금까지와는 다른 경험을
하게 될 거야. 영어를 들을 때.

J: 정말이요?

생각만 할 뿐인데도요?

M: 그렇지. 생각에만 변화를 주었을 뿐인데 말이지.

J: 정말 그렇게 실제 들을 때 어떤 변화가 있을지
궁금해져요.

M: 실제로 해보면 알 수 있는 부분이니까.
그리고 이 부분에서 영어가 '이어져 있다. 끊임없이'
라는 부분을 정말이지 J 후배가 이해를 해야 하는
부분이거든.

J: 네.

M: 그래서 확실히 이해를 했는지,

J: 네.

M: 질문을 하나 해 볼게.

J: 네.

M: 아까 읽은 문장
'IamaboyYouareastudent.'
이 문장을 '이어져 있다. 끊임없이'라는 생각을 하면서
한 번 다시 읽어 보겠어?

J: 네. 똑같이 읽으면 되는 거잖아요?
'IamaboyYouareastudent.' 이렇게.
된 것 같은데요.

M: 지금 잘 했는데, 그렇게 읽으면 '이어져 있다. 끊임없이'

라는 말을 반 밖에는 이해하지 못한거야.

J: 네? 반이요?

M: 응. 반.
J 후배가 정확하게 이해했다면 이렇게 읽어야 되는거야.
'IamaboyYouareastudentIamaboyYouareastudent'

J: 아! 끊임없이.

M: 그렇지, 끊임없이.
그리고 영어를 들으면서 영어를 말하고 있는 화자에게
말의 속도를 더 높여달라고 요청하는 거야.

J: 속도를요?

M: 그렇지 속도를.
물론 생각으로만….

J: 아, 네.

- 이 책을 지금 읽고 계신 독자분들은 가능하다면 지금,
위에 설명된 방법으로 듣기 테스트를 한번 해보시길
바랍니다.
뉴스나 드라마 어떤 것도 상관없습니다.
영어로 되어있는 콘텐츠를 들어보면서 스스로 영어
듣기에 어떤 변화가 있는지 테스트 해보면 좋을 것
같습니다.

이 책에서 말한 대로 지금은 영어 듣기의 첫 번째
단계입니다.
영어 소리 듣기의 첫 번째 단계인 것이죠.
영어의 의미가 아니라 소리 자체에 대한 듣기 부분입니다.
들리지 않던 단어라든가 짧은 문장이 그 전과는 다르게,
또는 영어 듣기를 처음 시작하시려는 분들은 영어가 단지
외계어처럼 들리지 않고 그저 영어인 것 같은 느낌만 받을
수 있어도 처음 단계에서는 큰 수확인 것입니다.
변화를 스스로 테스트 해보시기 바랍니다.
변화의 느낌은 본인만 알 수 있기 때문입니다.

J: 선배님 그렇다면 듣기 시에 왜 이런 생각을 하면서 들으면
변화의 효과를 볼 수 있는 걸까요?

M: 그건 여러 가지 이유가 있겠지만 영어라는 언어의 특성과
연관이 있는 부분이야. 호흡, 모음 관련 부분 등등.
언어학적인 부분이라는 것이지. 영어의 탄생배경이라든지
언어학 자체와 관련이 있기 때문에…. 그리고 소리를 직접
생각에 연결하는 것도 이유가 될 수 있지.

J: 아~ 언어학…. 탄생배경이요?

M: 하하, 머리 아픈 얘긴가?

J: 네, 선배님, 너무 어려운 부분을 이야기하면 왠지 영어가
더 어려워질 것 같아요. 지금도 어려운데.

M: 좋아 그럼 조금 더 쉽게.

J: 네, 선배님.

M: 그러니까 첫 번째 단계에서 우리가 한 생각, 영어는 '이어져 있다. 끊임없이'라는 부분이 우리에게 영어 듣기에서 어떤 도움을 주기 때문에 영어 듣기에 변화가 오는지를 조금 더 쉽게 얘기해 볼게. 그보다 먼저 한 가지 물어볼 게 있어. 한 가지만 물어볼게.

J: 네. 어떤 것이죠?

M: J 후배는 영어를 들을 때 어떤 점이 어려웠지?

J: 음, 일단 너무 빨라요. 너무 빨라서 영어를 들을 수가 없어요. 우리가 말하는 거랑 비교하면 그 속도가 너무 빨라서 들을 수가 없었던 것 같아요.

M: 음, 빠른 속도. 그렇지. 그리고 또 있어?

J: 그리고 아까 잠깐 얘기 됐었지만, 소리가 들렸다 안 들렸다 하는 부분이요. 어디는 올라갔다 갑자기 내려오고, 여튼 헷갈려요. 그냥 일정한 톤이 아니고 오르락내리락.

M: 하하, 맞았어. 우리가 영어 듣기에서 가장 어려운 점이 그런 부분이야.

너무 빠르고 들렸다 안들렸다, 결국엔 안 들리는 걸로
끝나는.

J: 호호, 네, 맞아요.

M: 지금 말한 속도와 소리의 들렸다 안 들렸다 하는 부분
중에서 속도를 해결할 수 있는 부분이 바로 영어는
'이어져 있다. 끊임없이'라는 이 생각이거든.

J: 네? 그 생각이 속도를 해결해 준다고요?

M: 그렇지. 왜냐하면 우리의 머릿속에 이미 빠른 속도를
이겨낼 수 있는 생각을 하고 있으면 상대가 아무리
빠르게 이야기해도 그 속도는 우리 생각을 따라 올
수 없기 때문이지.
예를 들면
물리적인 움직임은 일정한 과정을 거쳐 시간 순서대로
발생이 되는 거야. 여기까지 이해되나?

J: 네. 지금까지는 되는 것 같아요.

M: 이해했는지 간단한 예를 들어 설명해 보겠어?

J: 네. 음, 저는 기차로 예를 들어볼게요.
기차가 A역에서 출발해서 C역까지 가는데 중간에 B역이
있다면 기차는 A→B→C 순서로 진행이 되고 또 그에
따른 시간이 소요된다는 것이죠.

M: 맞아. 정확히 이해하고 있는거야.

그런데 우리 생각은 어때?

우리의 생각이 물리적인 움직임보다 느릴까?

J: 아니죠 엄청나게 빠르죠. 우리 생각은 순간순간이 상상 이상이죠.

M: 맞아 상상 이상이지. 우리의 그런 빠른 생각의 속도로 영어의 속도를 감당할 수 있다는 거야.

이 내용은 설명보다 직접 테스트를 해보면 바로 결과를 알 수 있기 때문에 영어 듣기 공부에 많은 도움이 되고 또 많은 시간을 단축시켜 줄 수 있게 될거야.

J: 네 알겠습니다. 선배님.

M: 다시 한 번 강조하지만 영어는 끊임없이 이어져 있다는 생각을 우리 머릿속에 상기시키고 그 생각하에 영어 듣기를 해야 한다는 것이지. 그리고 한 가지 더 정리하자면 지금은 듣기의 첫 번째 단계이기 때문에 영어의 소리 즉 의미가 아닌 소리, 영어 소리 듣기에 집중해야 한다는 것이야. 무슨 말인지 이해할 수 있겠지?

J: 네 선배님 이해할 수 있어요.

소리. 영어의 소리에 집중해야 한다!

M: 좋았어.

그럼 이제 첫 번째 단계를 설명했으니까 두 번째 단계에 대해서 이야기해 볼까?

J: 네 좋아요. 기대됩니다.
두 번째는 또 어떻게 해야하는지 벌써부터 궁금해요.
지금 설명해 주실 거니까 바로 들으면 되는데도 기대가
되고 궁금해지고 그러는 거 보면 선배님이 말씀하시는
'생각'이라는 부분은 정말 중요한 것 같아요.
기대, 궁금함 이런 부분도 모두 생각의 종류잖아요.

M: 맞아 우리의 생각의 힘은 정말이지 표현을 할 수 없을
정도지. 많은 부분을 발전시킨 원동력이기도 하고.
좋아. 그럼 두 번째 단계에 대해서 이야기해보자고.
조금 전에 J 후배가 말했듯이 영어 듣기에서 어려움을
겪는 부분이 바로 빠른 속도 그리고 들렸다 안 들렸다
하는 부분. 이 두 가지가 대표적인 어려움이지.
누구나 공통적으로 가지고 있는 어려움이라고 생각해.

J: 네, 맞아요, 선배님.

M: 그런데 우리가 빠른 속도는 첫 번째 단계에서 어느 정도는
해결을 했으니까 이제 두 번째 단계에서는 들렸다
안 들렸다 하는 부분을 해결해 보려고 하거든.

J: 들렸다 안 들렸다 하는 부분이요?

M: 그렇지. 바로 그 부분. 들렸다 안 들렸다 하는 부분.
이 부분은 영어의 특성 중에서 억양에 관련된 부분이야.

J: 억양이요?

M: 강세라고도 하고.

J: 정말 영어 듣기에서 빠른 속도만큼 어려운 것이 들렸다 안 들렸다 하는 부분이었는데, 바로 이 억양, 강세 때문에….

M: 맞아. 굉장히 어려운 부분이지.

J: 네. 그렇다면 이 어려운 억양, 강세 부분을 해결하기 위해서는 또 어떤 방법으로 접근해야 하는 걸까요?

M: 음~ 해결법은 역시 첫 번째 단계와 동일해.

J: 설마 이 부분도 우리의 생각으로요?

M: 맞아 우리의 생각.
그래서 처음부터 강조해 온 부분이기도 하고.
처음에 우리가 영어 소리를 듣기 위해 세 단계로 나누어 접근해 보기로 했잖아.

J: 네, 맞아요. 세 단계.

M: 두 번째 세 번째 단계가 바로 이 억양, 강세. 즉 들렸다 안 들렸다 하는 부분에 대해서야.
이 부분을 해결해야 되는 것이지.

J: 아, 네.

M: 하지만, 사실 첫 번째 단계에서 우리가 했던
영어는 '이어져 있다. 끊임없이'라는 이 생각은
영어 듣기 전반에 걸쳐서 관련이 있는 부분이야.
빠른 속도, 억양, 강세 등등을 동시에 해결해 줄 수
있다는 얘기지.

J: 아 그런 거군요?

M: 맞아, 사실이 그래.
그리고 첫 번째 단계에서 제시한 방법으로 J 후배가 직접
테스트를 해보면 아마 스스로 변화를 느낄 수 있을거야.
즉각적으로.

J: 즉각적으로요?

M: 그렇지. 즉각적으로 들리거든.
많은 시간 또 노력을 들여야만이 들을 수 있는게 아니고
생각을, 생각의 관여를 통해 즉각적으로 들을 수 있다는
얘기지.

J: 아, 네.
몇 개월, 아니 몇 해를 들어도 안 들리던 부분이 즉각적
으로 들린다니 정말이지 무엇에 홀린 것 같은,
음~ 정말이지….

M: 해보면 알겠지만 이 부분은 처음에 말한대로 우리의
생각에 힘이 있기 때문이야. 다른 건 아니고.

J: 아, 네.

M: 그렇다면 이쯤에서 궁금한 게 또 한 가지 생기지 않아?

J: 네? 궁금한 점이요?

M: 응, 궁금한 점.

J: 음~ 잠깐만요.

M: 그래, 천천히 생각해 봐.

J: 음~ 아!
혹시 이거 아닐까요?

M: 그래, 얘기해 봐.

J: 선배님께서 아까 말씀하신대로라고 한다면 첫 번째
단계에서 제시해 주신 방법이 영어 소리 듣기의 전반적인
어려움과 관련이 있고 또 해결할 수 있다고 하신 것
같아요.

M: 그랬지.

J: 그리고,
그래서 들을 수 있는 것이라고 하셨죠, 즉각적으로.

M: 그렇지.

J: 그렇다면 듣기의 어려움이 해결되고 즉각적으로
들을 수 있게 되었는데, 첫 번째 단계에서. 그런데

'왜 두 번째 세 번째 단계가 있어야 되지?'라는 점이
궁금해져야 하는 부분인가요? 혹시?
정답일까요? 혹시?

M: 음~

음~

J: 아닐까요? 혹시?

M: 정…

J: 답?

M: 맞아.

J: 이야…호. 저 지금 소리 칠 뻔 한 거 아시죠?

M: 하하.

J: 그런데 정말 그러네요. 첫 번째 단계에서 영어의 소리가
들린다면 왜 굳이 두 번째 세 번째 단계가 필요한지
궁금하네요.

M: 우리가 첫 번째 단계에서 생각을 관여시킴으로써 영어
소리 듣기 방법에 접근해 봤잖아.

J: 네.

M: 그런데 이 부분에서 생각의 관여 말고 한 가지가 더 관여
되어지는 부분이 있어.

J: 한 가지 더요?

M: 응. 한 가지 더.

J: 그게 뭘까요?

M: 음…
그건 바로
시간이야.

J: 네? 시간이요?

M: 그렇지, 시간. 조금 더 정확히 표현하자면 시간의
흐름이 연관되어진다라고 할 수 있겠지.

J: 시간. 더 정확히 시간의 흐름.

M: 그렇지.

J: 왠지 또 조금 복잡해지는 느낌이 들려고 하고 있는 것 같
으면서….

M: 하하. 아니야. 단어의 조합, 시간과 흐름이라는 단어의
조합 때문에 그렇게 느껴질 수 있지만 그렇게 복잡한
개념은 아니야.

J: 아, 네.

M: 첫 번째 단계에서 제시한 방법이, 우리가 즉각적으로
듣기에 변화를 느끼게 해 줄 수 있는 강력한 힘을 가지고

있지만 시간이 흐르면서 처음 느꼈던 변화의 강도가
급격히 약화되는 것을 알 수 있을거야.

J: 아, 네.

M: J 후배도 테스트를 직접 해보면 더 확실히 느낄 수
있겠지만, 처음 테스트를 하고 하루 이틀 지나잖아,
그러면 다시 테스트를 하기 이전 상태와 비슷하게
다시 돌아가는 듯한 느낌을 받을 수 있을거야.

J: 다시 돌아간다고요?

M: 그렇지.

J: 다시 제자리로요?

M: 아니, 그렇진 않아, 제자리로 돌아가진 않아.
우리의 귀에 영어 소리가, 그러니까 전에는 듣지 못했던
영어 소리겠지? 여튼 영어 소리가 들리기 시작하면
들리기 이전의 상태로 돌아가는 건 아니야.
그런데 그 느낌이 그럴 수가 있다는 것이지.

J: 아, 네.
그럼 좋아지긴 했는데, 그걸 느끼지 못한다는 건가요?

M: 그렇다고 할 수 있지.

J: 아, 네. 그런데 왜….

M: 왜냐하면 우리는 우리도 모르게 적응을 하거든.

어떤 부분에서 우리가 감지하지도 못하는 사이에
우리 신체는 벌써 적응을 하고 있는 경우가 있지.
한 번쯤 경험해 봤을 것 같은데?

J: 네. 그런 기억이 있어요.
특히 계절에 더욱 그런 것 같아요.

M: 그렇지.

J: 여름에도 처음에는 엄청 덥다가 조금 적응되고, 겨울에도
첫 추위에는 엄청 춥게 느껴지다가 조금 적응되고.

M: 맞아, 바로 그런거야.
듣기도 마찬가지라고 할 수 있어. 우리는 변화했지만
그 변화의 느낌에 금방 적응을 하거든.
그래서 제자리인 것 같은 느낌을 받을 수 있다는 것이지.

J: 아 그래서 두 번째 세 번째 단계가 필요한 거군요.

M: 그렇지.
그래서 이제 우리의 귀에 조금 더 세분화해서 영어를
들을 수 있게 해주려고 하는 것이지.

J: 알겠습니다. 선배님.
시간, 시간의 흐름, 그에 따른 적응, 또 다른 변화…
아~ 정말이지….
열심히 해보겠습니다. 선배님.

M: 하하, 그래, 좋아.

그러면 이제 두 번째 단계에서는 아까 말한 것처럼
들렸다 안 들렸다 하는 부분, 즉 억양, 강세에 대해서
해결을 해야 되는 부분이잖아?

J: 네.

M: 그래서 그 강세가 있는 소리의 모양을 한 번 그림으로
나타내 보려고 해.

J: 강세가 있는 소리의 모양이요?

M: 그렇지. 강세가 있는 소리의 모양.

그 모양을 선으로 나타낸다면 이렇게 되겠지.

J: 많이 본 것 같아요.

M: 하하, 어디서 많이 본 그림이지?

J: 네.

M: 그럼 여기서 한 가지 물어볼게.

J: 네.

M: 우리가 듣기를 어려워 하는 부분이 이 그림에 표현이
되어 있을까?

J: 음~ 또 어려운 질문을 하신 것 같아요.

M: 하하.

J: 제 답은 '표현이 안 되어 있다'입니다.

M: 물어본 질문에서 답을 찾은건가?

J: 호호, 네, 맞아요.
이 그림에서 표현이 되어 있다면 안 물어 보셨을
테니까 말이죠.

M: 하하. 역시.

J: 하지만 솔직히 저는, 이 그림에서 어려운 부분이
표현되어 있는 것 같긴 해요.

M: 하하. 역시… 맞았어.
표현이 되어 있지.
이 그림에 표현이 되어 있지만 조금 부족한 부분이 있지.
설명을 하기 위해서는 다른…

J: 혹시? 다른 그림이요?

M: 맞아. 다른 그림.
우리가 이 그림만으로는 우리의 듣기에 있어서의
어려움을 설명하기엔 부족한 부분이 있어.
그림 하나가 더 필요하지. 그 그림은 바로 이거야.

그리고 하나 더 보충하자면

이렇게 표현할 수 있지.

J: 이제 정확히 알 수 있을 것 같아요.

M: 이제 알 수 있을 것 같지?

J: 네.
우리는 강세가 없이 일정하게 소리내는 것에 익숙한데
영어는 높낮이가 있고 또 그것이 너무 강하기 때문에
듣기에 어려움이 있었다고 느껴지는 것 같아요.

M: 맞았어. 정확히.
원어민들에게는 강세가 어려움을 주지 않아.
원어민들은 강세에 익숙하지. 이 이야기는 강세 자체가
듣기에 어려움을 주는 것이 아니고, 그 강세를 사용하지
않는 외국어 학습자들에게 어렵다는 얘기야.
우리가 익히 알고 있는 이야기인 것 같지만 문제를
해결하기 위해서는 보다 근본적인 부분에 집중할 필요가
있거든.

J: 네. 맞아요. 다 알고 있다고 생각하지만 막상 해보면
모르는 부분이 많은 것 같아요.

M: 그렇지.
그럼 다시 우리 얘기로 돌아와 보면,
아까 말한 것처럼 두 번째, 세 번째 단계는 소리의
높낮이에 관한 이야기이고, 또 그에 관한 이야기를
해야 하는데

J: 네.

M: 이 부분에서 핵심적인 내용은 이야기를 다 한 거 같아.

J: 네? 벌써 다 하셨다고요?

M: 응
두 번째, 세 번째 단계는 아까 본 그림에 우리의 생각을
고정시키기만 하면 되거든.

J: 아, 네.

M: 그리고 두 번째 단계를 구체적으로 시작하기에 앞서서
우리는 먼저 우리 머릿속에 선 두 개를 그리고 있어야 돼.

J: 선 두 개요?

M: 그렇지. 선 두 개.
그림으로 그리자면 우선은 이렇게 되겠지.

_____

_____

이렇게.

J: 아래와 위에 선이 있네요.

M: 맞아 아래 위에 선 하나씩.
우리 머릿속에 선 두 개를 그리고 영어를 들을 준비를
하고 난 후에

J: 하고 난 후에

M: 하하,
하고 난 후에 영어를 들으면 이렇게 표현할 수 있겠지.

또는

J: 그림이 두 가지네요.

M: 그렇지. 두 개야, 그림이.
그럼 여기서 한 가지 더 질문을 해볼게.

J: 네.

M: 이 두 가지 그림에는 차이점이 있을까, 공통점이 있을까?

J: 음…

M: 그럼 이번에는 예시를 줄게.
1. 차이점
2. 공통점
3. 두 가지 다 있다.

J: 음…. 그림을 눈으로 보기에는 3번이 정답 같은데,
왠지 2번 쪽에 눈이 더 가는 것 같기도 하고….

M: 하하,

이 문제를 낸 이유는 우리가 이 그림을 보면서 차이점,
공통점, 또는 두 가지를 동시에 느낄 수 있다는 거야.
그러니까 답은 1, 2, 3번 모두가 될 수 있지.

J: 아, 네. 어쩐지 전부 답 같더라고요.

M: 하하, 그랬구나.

하지만 우리가 이 그림에서 조금 더 주목해야 할 부분은
보이는 바와 같이 두 그림의 공통점 즉 위 아래 선이
고정되어 있다는 점이야.
이 부분을 우리가 생각하고 있어야 한다는 것이지.
우리의 생각 속에 고정시켜 놓은 영역에서 영어 소리의
높낮이가 움직일 수 있도록 해야 돼.
아무리 높은 소리도 위 아래 선의 범위 안에 있게 해야
한다는 것이지. 낮은 소리도 마찬가지고.
어려우면 이 그림을 보면서 해도 돼.

이 범위 안에 영어의 소리는 들어오게 돼 있거든.
이 생각을 갖는 것이 두 번째 단계의 준비가 완료된 거야.

J: 조금 헷갈리지만 한 번 해 볼게요.

M: 좋았어. 한 번만 생각의 틀을 잡으면 그 안에서 소리가
벗어나지 않는다는 것을 느낄 수 있게 될거야.

J: 아, 네. 알겠습니다.
신경 써서 한 번 해보도록 할게요.

M: 좋아, 이제 준비가 끝났으니까 두 번째 단계로 가보자고.

J: 네.

M: 사실 두 번째, 세 번째 단계는 범위만 설정이 되면 다
된 거나 마찬가지야.
왜냐하면 우리 생각의 위치만 바꿔주면 되거든.

J: 아, 네.

M: 그럼 순서대로 두 번째 단계부터 생각의 위치를 정해
보자고.

J: 네.

M: 그림에서 보았듯이 영어의 소리는 높낮이가 있어서
우리가 듣기에 어려움을 느끼게 되는 거야.
그러니까 순차적으로 소리에 적응해서 영어를 듣게되면
더욱 선명하게 영어 소리를 들을 수 있는 경험을 할 수
있게 되지.
그럼 우선, 그림을 다시 보자고.

이 그림을 보면 높낮이가 있지. 우리가 들렸다 안 들렸다 하는 부분 중에서 들리는 부분이 바로 선의 윗점들이거든. 이렇게.

강세가 들어가는 부분이 들리고 다시 내려가면 들리지 않게 되지.

J: 그림을 보니까 그동안 안 들렸던 부분이 이해는 가지만 그 정말이지 답답했던, 마음 한 구석 저기 어딘가에 있는 그 답답했던 부분에는 이 그림으로는 설명이 부족한 것 같아요.

M: 하하, 하하.
다 마찬가지일 거야. 참 어려운 부분이지.

J: 네, 맞아요.

M: 그 어려움을 해결하기 위한 과정이니까, 다시 조금 더 진행해 보자고.

J: 네.

M: 우리가 두 번째 단계에서는 생각의 위치를 바꾼다고 했잖아. 그렇지?

J: 네.

M: 여기서 우리는 우리의 생각을 위가 아닌 아래, 즉 아래의 점들에 생각을 고정시킬 거야.

J: 네? 아래에 고정 시킨다고요?

M: 그렇지. 아래 부분에. 그림으로 표현하자면 이렇게 되지.

M: 이렇게.

J: 선배님께서 조금 전에 강세가 있는 소리만 들리고 약세가 되는 소리는 안들리기 때문에 들렸다 안 들렸다 하는 문제가 발생한다고 하셨는데, 안 들리는 소리를 어떻게 듣죠?

M: 이 부분은 설명보다 직접 테스트 해보는 게 좋을 수 있는데, 일단 설명해 볼게.

J: 네.

M: 그림에서 보면 알 수 있듯이 소리는 오르내림이 있거든. 오름만 있고 내림만 있는 것이 아니고 오르내림이 있다는 거야.

J: 네.

M: 그래서 우리가 생각을 내림에 고정시켜 놓으면, 그러니까 강세가 있는 소리는 듣지 않고 약세 소리만 듣겠다는 생각을 하게 되면 그때부터 영어가 더욱 선명하게 들리는 것을 경험할 수 있을 거야.

J: 강세 소리를 듣지 않는다,라는 생각을 한다고요? 그게 가능할까요?

M: 직접 해보면 더욱 잘 느낄 수 있기 때문에 설명을 조금 더 해볼게.

J: 네.

M: 우리가 약세, 즉 그림의 아래 점들에 생각을 고정시키면 소리가 올라갔다 내려오는, 즉 우리가 우리의 생각을 고정시켜 놓은 자리로 돌아오게 되어 있거든. 올라간 소리는 내려오고 내려간 소리는 다시 올라가는

것이기 때문이지. 높낮이 그 자체거든.

다시 한 번 그림으로 표현하자면 이렇게 표현할 수 있지.

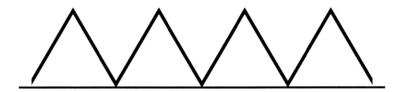

우리의 생각을 아래 부분의 일직선상에 고정시켜 놓으면 되는 거야.

자연스럽게 소리가 올라갔다가 돌아오는 것을 느낄 수 있게 될 거야.

J: 아! 그림을 다시 보니까 조금 이해가 되는 것 같아요.

M: 직접 해보면 많은 도움을 받을 수 있을거야.

J: 그럼 두 번째 단계는 여기까지인가요?

M: 그렇지. 조금 더 이야기할 부분이 있긴 한데
세 번째 단계까지 설명한 후에 종합적으로 이야기
하는 게 좋을 것 같아.

J: 네. 알겠습니다.
그럼 세 번째 단계는 어떻게 해야 할까요?

M: 세 번째 단계는 그림으로 먼저 보여주면 이해가 될 것
같아.

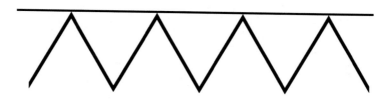

J: 아하.

M: 하하.

이해가 되었다는 의미지?

J: 네, 호호.

M: 그러면 세 번째 단계에 대해서는 다른 설명을 하지
않아도 되겠지?

J: 네. 우리의 생각을 위치만 바꿔서 듣기를 하면 된다는
말씀을 하시는 것 같아서요.

M: 맞았어, 정확히.

매번 느끼는 것이지만 J 후배는 역시 똑똑해.

J: 호호.

M: 그럼 이제 영어 듣기 중 소리 듣기 부분에 대해서
세 번째 단계까지 이야기를 했으니까 전체적으로 정리를
한 번 해볼까?

J: 네, 선배님.

M: 우리가 처음에 영어를 들을 때 안 들린다고 하는
부분에 대해서 했던 이야기를 기억하고 있나?

J: 네. 기억날 것 같아요.

M: 어떤 내용이었지?

J: 일단은 우리가 우리의 귀를 통해 영어를 듣고 있긴 한데
안 들린다고 하는 표현에 대해서 이야기했었던 것 같아요.

M: 맞아. 그렇지.
듣고는 있는데 들리지 않는다고 하는 표현에 대해서
이야기했지.

J: 네. 그래서 듣고는 있는데 안 들린다고 하는 표현은
결국 듣기는 하지만 들리는 소리의 의미를 알지 못하기 때문
이다,라고 말씀하셨던 것 같아요.

M: 맞았어. 그랬지.

J: 그리고 우리가 의미를 전달받으려고 할 때 소리를 통해
전달받으니까 의미를 알아가기 전에 소리부터 먼저
해결해야 한다고 하셨던 것 같아요.

M: 맞았어. 정확해.

J: 그리고…

M: 그리고 이제 첫 번째 단계부터 설명하고 이야기하고 그랬던 것 같은데.

J: 아, 네.

M: 그래서 우리가 첫 번째 단계에서는 영어의 빠른 속도 부분, 그리고 두 번째 세 번째 단계에서는 영어 소리의 높낮이 부분에 대해서 이야기를 했고. 기억 나지?

J: 네.

M: 그럼 이제 소리 부분에 대해서는 어느 정도 정리가 된 것 같고. 그렇지?

J: 네. 그런 것 같아요.

M: 음 그러면 기본적인 질문이지만 하나만 물어볼까?

J: 네.

M: 우리가 소리 부분을 왜 해결하려고 했지?

J: 네?

M: 우리가 듣기 부분 중에서 소리 부분을 먼저 해결하려고 한 거잖아. 지금까지.

J: 먼저요?

M: 응, 먼저.

J: 음… 소리 부분을 먼저 해결하려고 했던 것은….

아! 영어 소리의 의미를 파악하기 위해서였죠.

M: 그렇지, 바로 그 부분.

의미 파악.

J: 이런다니까요, 조금 전에도 얘기해 놓고, 무엇을 하다보면 거기에 빠져가지고 원래 무엇을 하려고 했었는지를 잊어버린다니까요.

M: 하하.

그래도 다시 찾으면 되지 뭐.

J: 네, 선배님.

M: 그러면 이제 지금까지의 과정도 다시 한 번 생각해 봤고, 우리가 다음에 무엇을 해야 하는지도 정해졌으니까 잠깐 휴식하고 이어서 가볼까?

J: 네, 선배님.

M: 아, 참.

내가 의미 파악에 있어서 두 번째, 세 번째 단계가 연관 있다고 이야기했나?

J: 네? 아니요.

M: 그럼 잠깐 휴식하고 보자고.

J: 네.

듣기 ② (사전보는 법) 의미

- 어순 1

J: 선배님.

M: 응.

J: 커피 한 잔 드세요.

M: 아, 고마워.

J: 선배님, 그럼 우리는 이제 의미를 알아가는 단계로 가는
건가요?

M: 그렇지.
소리 자체에 집중했다면 이제는 전달받고 전달하고자
하는 의미에 대해서 알아가야 하겠지.

J: 아, 네.

M: 커피향이 좋은데? 쓰긴 하지만.

J: 호호. 단 거 좋아하세요?

M: 하하. 아니야. 다 좋아.

J: 호호.

M: 이제 얘기를 조금 더 해볼까?

J: 아, 네.

M: 우리가 지금까지 듣기 중에서 소리를 듣는 과정을 거쳐서
의미를 알아가는 과정으로 왔는데
이 두 가지 과정을 비교해 보면 소리를 듣는 과정이
이해를 필요로 하는 과정이었다면 의미를 알아가는
과정은 조금 더 복잡한 과정이라고 할 수 있어.

J: 아, 네.

M: 이해의 부분과 시간의 투자, 또 그 투자되는 시간 만큼의
노력이 투입되어야 하거든.

J: 시간 투자와 노력의 투입이요?

M: 그렇지.

J: 그럼 어떤 것부터 시작해야 할까요?
의미를 알아가기 위해서.

M: 우선은 첫 번째가 어순이지.

J: 그 유명한 어순이요?

M: 하하, 그렇지. 그 유명한 어순.
J 후배는 어순하면 어떤 것이 떠오르지?

J: 저요?

M: 응.

J: 음… 저는 발목이요!

M: 하하 발목. 발목 자체가 생각나는 건 아닐 거고 발목을
잡는다,라는 의미겠지? 방해가 된다는 일종의 관용어구

J: 으… 또 한 가지가 나왔네요.

M: 관용어구?

J: 네.

M: 하하,
어떤 특정한 주제를 %로 나누는 경우가 있잖아?

J: 네, 있죠.

M: 영어에서도 만약에 %로 구분한다면 어순은
몇 %정도일까?

J: 저는 망설이지 않고 대답할 수 있어요. 정확히.

M: 하하, 정확히라면 100%?

J: 호호, 네.

M: 하하,

맞아. %가 중요한 것은 아니고 우리와는 다른 어순 때문에 우리가 영어를 배우기가 어려운 게 사실이지.

J: 영어를 하다 보면 정말이지 깜짝 놀랄 때가 있어요.

M: 한 두 군데가 아닐 텐데.

J: 호호 맞아요. 그런데 진짜 깜짝 놀랄 때는, 정말이지 반대 반대 어떻게 이렇게 반대일 수 있는지. 정말….

M: 몇 가지만 반대여도 깜짝 놀랄 텐데 수도 없거든. 정말 셀 수도 없이 많지.

J: 정말 그런 것 같아요. 그래서 더 어려운 것 같아요. 영어를 배운다는 것이.

M: 맞아. 그런데 우리가 여기서 또 한 번 생각해 봐야 하는 건 어순은 영어의 문법이라는 거야.

J: 문법이요?

M: 그렇지. 문법.

J: 어순도 머리 아픈데 문법까지요?

M: 하하, 알고 있는 부분 아닌가?

J: 호호.

알고는 있었지만 왠지 어순하면 그냥 순서인 것 같고
문법은 아닌 것 같고….

M: 문법이야.

J: 네.

M: 하하, 문법이 어렵고 그래서 문법을 하지 않고 영어를
할 수 있으면 좋겠지만 그렇게 되기가 굉장히 어렵지.

J: 네.

M: 그래서 그렇게 어려운 문법을 이야기하기 전에
문법이 아니라고 착각하고 싶은 어순에 대해 먼저
이야기해 보려고 하거든.

J: 네. 어차피 문법인 거 알고 있습니다.

M: 하하,
이제 다시 대답해 볼까?
어순하면 생각나는 것에 대해서.

J: 네 저는 일단 '주', '동', '목', '보'요.

M: 하하. 주어, 동사, 목적어, 보어의 순서라는 얘기지?
'주', '동', '목', '보'.

J: 네.

M: 정답이네, 다 알고 있네.

그런데 왜 다 알고 있는데 어렵다고 하지?

J: 어디서 많이 들어본 듯한 이야기인데요?

M: 처음 부분, 소리 듣기에서 들어 봤다는 얘기지?

J: 네. 들리는데 왜 안 들린다고 하는지?
어순도 다 아는데 왜 모르겠다고 하는지?

M: 하하.
알고 있다고 생각하지만 실제 해보면 잘 모르겠는
부분이지. 공통적으로.

J: 네 맞아요.

M: 그럼 이제 다시 처음부터,
우리가 영어의 의미를 알기 위해서는 어순을 알아야
한다고 했으니까 한 번 알아가 보자고.

J: 네, 알겠습니다.

M: 영어는 우리와는 다른 어순을 갖고 있고, 위치에 따라
의미가 달라지기 때문에 단어의 위치가 중요하다 등의
이야기는 하지 않아도 되겠지?

J: 지금 하신 것 같은데요.

M: 하하.
이제는 영어 문장을 한 번 보자고.

J: 이제 영어 문장 보는 건가요?

M: 영어 문장이 보고 싶었구나.

J: 영어 이야기인데 영어가 안 나와서….

M: 하하.

그럼 다시, 우리가 'I am'에서 시작했나,

'I am a'에서 시작했나?

J: 'I am a'요. 많은 생각을 하게 했던 문장인 것 같아요.

그런데 설마 'I am a boy.' 쓰실려고 하는 건 아니시죠?

M: 하하, 맞아.

'I am a boy.'

J: 네.

M: 순서는 알겠지?

J: 네. 주어+동사+목적어요.

M: 하나 더 할 거니까, 제대로 이야기해볼까?

J: 주어+동사+보어요.

M: 맞았어, 박수, 짝짝.

J: 호호.

M: 그럼 하나 더 하기로 했으니까,

하나만 더 보자고.

'You like music.'
순서가 어떻게 되지?

J: 주어+동사+목적어요

M: 의미는 어떻게 되지?

J: '나는 음악을 좋아한다.'

M: 아니, 'I am a boy' 말이야.

J: 호호, 선배님,
제대로 할게요. 너무 쉬운 것만 나오는 것 같아서요.

M: 하하, 알겠어. 차근차근 해보자고.

J: 네.

M: 그럼 다시,
'I am a boy.'
순서와 의미는?

J: 순서는
주어+동사+보어
의미는
'나는 소년입니다.'

M: 'You like music.'
순서와 의미는?

J: 순서는

주어+동사+목적어

의미는

'너는 음악을 좋아한다.'

M: 맞았어. 정확해.

박수, 짝짝.

J: 호호, 그래도 칭찬을 받으니까 좋은 것 같아요. 선배님.

M: 하하, 알겠어. 칭찬 많이 해줄게.

J: 네.

M: 지금까지 잘 왔으니까 조금만 더 가보자고.

J: 네.

M: 이 문장은 의미만 말해볼까? 바로 이 문장이야.

'I am a boy you like.'

J: 나는…

나는 음악…

나는, 입니다, 소년, 너, 좋아.

아하, 이제 알았어요.

나는, 너를, 좋아하는, 음악.

아니, 참…

M: 천천히 해볼까?

J: 네.

'나는 너를 좋아하는 소년입니다.'이고 음악은 생략된 것 같은데요.

그러니까 정확하게 하자면

'나는 음악을 좋아하는 너를 좋아하는 소년입니다.'

에서 음악이 생략되서⋯.

M: 영어 문장은 짧은 것 같은데 우리말은 기네. 상당히.

J: 호호, 그랬나요.

M: 다 좋은데 음악은 어디서 나왔지?

J: 음악이요? 휴⋯.

M: 지금 J 후배가 문장해석을 위해서 했던 방식은 내가 처음에 했던 방식과 거의 비슷해. 아니 똑같다고 할 수 있어.

J: 정말요?

M: 문장해석을 위한 접근 방식이 같다,라는 얘기는 영어를 하는 데 있어서 비슷한 어려움을 갖고 있다고 할 수 있다는 얘기지.

J: 아, 네.

M: 일단

'I am a boy you like.'라는 문장의 정확한 의미는

'나는 네가 좋아하는 소년입니다.'라는 거야.

J: 네?

뭔가 약간 제가 해석한 것과는 차이가 있는 것 같은데요.

M: 차이가 있지.

J: 알 것 같으면서도 잘 모르겠는, 제가 한 해석과는
뭔가가 다른 부분이 있는 것 같아요.
미묘한 차이라고 할까요?

M: 그렇지, 정확하게 표현한 거야.
미묘한 차이가 있지.
하지만 이 미묘한 차이가 만들어 내는 결과는 미묘하지는
않아. 상당히 큰 차이가 있어. 의미상에서.

J: 아, 네

M: J 후배의 해석을 어느 정도 정리해 보면
'나는 당신을 좋아하는 소년입니다.' 이 정도 되겠지?

J: 네. 맞아요. 제 생각이 정확히 그랬는데 말로 표현을
시원하게 하지 못했던 것 같아요.

M: 그렇지. 이해해.
하지만 이 문장의 정확한 의미
"나는 네가 좋아하는 소년입니다."와는 차이가 있거든.

J: 네.

M: 같이 보면

　　'나는 당신을 좋아하는 소년입니다.'

　　'나는 네가 좋아하는 소년입니다.'

J: 보여요.

M: 차이점이?

J: 네. 정확히 보여요. 같이 보니까 확실해요

M: 하하

　　어떤 부분이지?

J: '당신을' 하고 '네가'가 틀려요.

M: 맞았어. 정확해.

　　문자 자체는 '당신을'과 '네가'의 차이가 있지. 그렇지?

J: 네.

M: 문자 자체의 차이는 찾았고, 혹시 다른 차이점을
　　느낄 수 있을까?

J: 의미의 차이점이요.

M: 그렇지. 의미의 차이. 의미의 차이가 있는 거야.
　　이해를 위해서 다시한 번 보자고.

J: 네.

M: '나는 당신을 좋아하는 소년입니다.'

'나는 당신이 좋아하는 소년입니다.'

J: 정확히 한 글자네요

M: 맞아. 한 글자 차이지.
문자상으로.

J: 그런데 그 의미는 정말
완전히 완전히 틀리네요.

M: 맞아. 의미가 완전히 틀린 것을 느낄 수 있지

J: 어떻게 보면 정반대인데요.

M: 그렇지.

M, J: 완전히.

M: 하하.

J: 호호.

M: 이제는 우리가 왜 이런 차이점이 발생하게 되고,
또 왜 우리가 이런 차이점을 발생시키게 되는지를
얘기해 볼 건데….

J: 네.

M: 그 전에 조금 좋지 않은 이야기를 해야 할 것 같은데

J: 네? 좋지 않은 이야기요?

M: 응. 좋지 않은 이야기.

J: 많이요?

M: 응. 많이.

J: 할 수 없죠. 어떤 건데요?

M: 이게 시작이라는 거야.

J: 네? 시작이요?

M: 응. 시작.
아까 말한 차이점이 발생하는 부분 또 이제 말은
안했지만 사실
'who'라는

J: 아 who!

M: 'in which'도 있고

J: 휴… 'in which'

M: 이런 부분을 다 포함해서, 이제 시작이라는 이야기지.

J: 갑자기, 이건 정말 갑자기인데요….

M: 포기하고 싶다고?

J: 네.

M: 하하.

J: 처음에 어떤 생각을 갖고 시작을 했는지, 또 꼭 해야만 하기 때문에, 해내야 하는 상황임을 확실하게 인식하고 있는 상황임에도

M: 상황임에도

J: 포기하고 싶네요.

M: 하하.
포기하지는 말자고.

J: 정말이지 포기 안 해도 될까요?

M: 하하.
좋은 소식도 있으니까.

J: 비중은요?

M: 버금가.

J: 호호.

M: 지금 우리가 가지고 있는 문제가 시작이라고 했잖아?

J: 끝인가요?

M: 그렇지.

J: 정말요?

M: 보태면.

J: 비중은요?

M: 조금. 약간. 살짝?

J: 호호.

M: 하하.

J: 알겠어요. 열심히 하겠습니다.

M: 좋았어.
그럼 이제 다시 이야기를 해보자고.

J: 네.

M: 우리가 조금 전에 발생시킨 차이점은 그렇다면 왜
발생하게 되는 걸까?

J: 음…. 그건 영어에 익숙하지 않아서이지 않을까요?

M: 음, 그것도 이유가 될 수 있지.
어떻게 보면 모든 부분을 포함하는 유일한 이유가
될 수도 있겠는데.

J: 네. 제가 생각하기엔 그런 것 같아요.

M: 그렇다면 이 문제, 즉 익숙하지 않아서 발생하는 문제에
대해서는 우리가 처음에 말한대로 시간의 투자와 노력의
투입으로 해결해야 하는 부분이니까

J: 시간의 투자와 노력의 투입이요?

M: 그렇지.

시간의 투자와 노력의 투입을 통해 익숙하게 만들어야

하는 부분이니까, 내가 여기서 질문을 조금 바꿔볼게.

J: 네.

M: 그렇다면 우리가 발생시키는 차이점을 해결하기 위해

우리는 어떤 부분을 이해해야 할까?

J: 이해해야 할 부분이요?

M: 그렇지. 이해.

J: 차이가 발생하는 원인을 이해해야 하지 않을까요?

M: 그렇지. 바로 그 원인을 찾으면 되는거야.

J: 그 원인은 간단한 것 같은데요.

우리가 해석할 때 모르는 단어가 나와서 해석을 못하는 경우

가 있는데 아까는 다 아는 단어였거든요.

M: 그렇지.

J: 그래도 해석에 차이가 발생하는 건….

해석법? 해석에 접근하는 법?

아! 해석에 접근하는 법이 원인이었던 것 같아요.

M: 그렇지. 맞았어.

역시.

J: 그런데 결국 내용은 별 다를게 없는 것 같은데요.
해석에 대한 접근 방법이 곧 문법이나 어순을
말하는 것 아닐까요?

M: 그렇지. 맞아.
하지만 한 번 더 명확히 인식해야 한다는 것이지.
해석에 차이가 발생하는 건 순전히 어떤 부분 때문이다?

J: 어순 때문이다.

M: 그렇지 어순이지. 물론 문법에 포함된.

J: 알고 있는 부분이지만 다시 한 번 확인해 보니까 조금
다른 것 같아요. 느낌이.

M: 맞아, 문제를 해결하려고 할 때는 항상 알고 있다고 생각
하는 부분에 대한 질문에서 시작해야 한다고 할 수 있지.

J: 네, 맞는 것 같아요.

M: 이제 발생 원인도 한 번 더 확인했으니까 조금 더 진행을
해보자고.

J: 네.

M: 우리가 아까 해석에서 원뜻과 차이가 발생하게 된
원인이 어순이라고 했는데,

J: 네.

M: 어순 중에서도 조금 더 세분화해서 본다면 바로
후치수식이라는 부분이지.

J: 네, 알고 있어요. 후치수식.

M: 맞아, 알고는 있지만 실제로 적용시키기는 쉽지 않지.

J: 네, 맞아요. 선배님.

M: 그리고 아까 말 한 것처럼
영어의 시작이면서 거의 끝이라고 할 수도 있지.
영어의 어순과 후치수식이.

J: 네, 맞는 것 같아요.

M: 그럼 여기서 어차피 넘어야 하니까 조금만 더 가볼게.

J: 네.

M: 'I am a boy who likes you.'
이 문장을 한 번 보자고.

J: 'who'가 나왔네요.

M: 그렇지. 의미는
'나는 당신을 좋아하는 소년입니다.'라고 할 수 있지.

J: 아, 네.

M: 'I am a boy You like.'
'I am a boy who likes you.'

이 두 문장은 의미는 조금 다르지만 공통점이 있거든.

J: 아, 네.

M: 두 가지가 있어.

J: 두 가지요?

M: 응. 두 가지.
하나는 'boy'라는 단어를 뒤에서 수식해주고 있다는
것이지. 후치수식.

J: 아, 네.

M: 또 다른 하나는.

J: 또 다른 하나는.

M: 우리가 받아들이기 어렵다는 것이지.

J: 아, 네.

M: 그러니까 이제는 우리가 후치수식이라는 영어의 어순
때문에 해석에 어려움이 있었다는 것을 명확히
이해했고 또 그 문제를 해결하기 위해서, 아까
J 후배가 말했던 것처럼, 즉 후치수식이라는 영어의
어순을 '익숙'하게 하기 위해서는 시간의 투자와
노력의

J: 투입이 필요하다는 말씀이시죠?

M: 하하, 맞아.

그리고 한 가지만 더 이야기하자면 우리가 '익숙'해지기
위해서 '시간의…' 너무 길지?

J: 호호, 그랬었던 것 같아요.

M: 하하, 줄이자고.

이제부터 '시간의…'는 음…

J: 시간 투자 노력 투입,
'시투노투'로 가죠.

M: 하하, 좋은데. 역시.

J: 호호.

M: 그럼 다시.

우리가 익숙해지기 위해서 '시투노투' 할 때 영어로
하는 것보다는 우리말로 하는 것이 더 효과적일 수
있어.

J: 우리말로요?

M: 그렇지. 우리말.

J: 아, 네.

M: 왜냐하면 후치수식이라는 개념은 어떻게 보면 느낌과도
같은 개념이거든.

J: 느낌이요?

M: 그렇지 느낌. 감각. 이런 부분과 같은 개념이라고 생각할
수 있어.

J: 아, 네.

M: 그러니까 이런 식으로 '시투노투'해보는 거야.
일단 느낌을 갖게 하고 거기에 영어 단어만 대입하면
되는 것이지.

J: 아, 네.

M: 우선 우리말 단어를 임의로 정한 후에 후치수식 방식으로
말해보는 것이지.

J: 네.

M: 일단 소년, 책, 학교, 산, 꽃 이렇게만 해보자고.

J: 네.

M: 소년 네가 좋아하는
책 내가 좋아하는
학교 교정이 아름다운
산 내가 어제 갔었던
꽃 너에게 주고 싶은

J: 아, 네.

M: 우리말과는 조금 다르기 때문에 처음에는 어색할 수 있지만

J: 시투노투를

M: 그렇지, 맞아. 시간과 노력이 필요한 부분이야.
우리말은 '학교 교정이 아름다운 학교' 이래야
시원하거든. 앞에 뭐가 있든 없든 이렇게 해야 뭔가
된 것 같고.

J: 호호.

M: '학교 교정이 아름다운'에서 끝나면 왠지 허전하거든.

J: 호호, 네, 맞아요.

M: 느낌을 찾아야 돼.

J: 네.

M: 후치수식이라는 개념 또는 이 느낌은 영어를 하는 데
있어서 굉장히 중요해.
영어를 잘 하는가 잘 못 하는가를 떠나서 영어를 하는가
못 하는가의 차이가 될 수 있거든.

J: 하는가, 못 하는가의 차이요?

M: 그렇지.

J: 아, 네.

M: 우리말은 어순이, 수식이 앞에 있는 언어이기 때문에 더 어려울 수 있어. 순서가 다르기 때문에.

J: 포기를 하게 되는 이유가 될 수 있다는 말씀이시죠?

M: 맞아. 그래.

J: 알겠습니다. 열심히 한 번 해보겠습니다.

M: 그래, 좋아. 그러면, 그건 그렇다고 하고.

J: 아 잠깐만요, 선배님.

M: 응.

J: 지금 또 뭔가를 이야기하시려고 하는 것 같은데요.

M: 하하.

J: 뭔가 있는 것 같아요.

M: 하하, 맞았어. 이제는 감으로 어떤 얘기를 할 지 미리 아는 단계까지 왔나 봐.

J: 호호.

M: 조금 다른 얘기지.

J: 네 또 기대가 되는데요.

M: 기대까지는 아니고.

J: 혹시 지금 하시려는 말씀이 알고 있다고 생각하는데

모르는, 그런 내용의 말씀이신가요?

M: 하하, 정확해.

J: 호호.

M: 맞았어, 정확히.
하지만 도움이 조금은 될 수 있다고 생각되거든.

J: 조금이요? 아닌 것 같은데요. 엄청 많이 될 것 같은데요.

M: 하하. 그럼 일단 내가 또 한 가지만 물어볼게.

J: 네. 선배님.

M: 커피가 없네.

J: 선배님, 잠시만요.

M: 아냐 아냐. 이번에는 내가 사줄게.

- 어순 2

M: 커피향이 어때?

J: 좋아요. 완전.

M: 하하.

J: 제가 사드려야 되는데….

M: 아니야, 내가 사주고 싶었어.

J: 감사합니다, 선배님. 여러모로.

M: 아니야 아니야.
   커피도 조금 더 마시고 했으니까
   우리 이야기를 조금 더 진행해 볼까?

J: 네.

M: 아까 내가 질문을 한 가지 한다고 했잖아?

J: 네.

M: 그 질문을 지금 한 번 해볼게.

J: 네.

M: J 후배는

J: 네.

M: 혹시 단어의 뜻을 모르면 어디에서 찾지?

J: 저요?

M: 응.

J: 사전에서 찾죠.

M: 음 사전에서.

J: 네, 다 그렇지 않나요?

M: 그렇다고 사전을 들고 다니진 않을거고,

J: 네 그렇죠. 핸드폰에 있으니까요.

M: 그렇지. 핸드폰에 있지.

J: 네. 핸드폰에서 단어 검색하면 사전으로 연결도 되고,
자체적으로 설명도 되어 있고,
여러 가지 잘 되어 있죠.
그리고 집에 책으로 된 사전도 있고요.
핸드폰으로 보는 것도 편리하고 좋지만 가끔 책으로 된
사전을 보는 것도 괜찮은 것 같더라고요.

M: 그렇지.

J: 네. 그런데 어떤 것 때문에…?

M: 내가 한 질문은 기억하나?

J: 네?

M: '단어의 뜻을 모르면 어디에서 찾는가?'라는 질문.

J: 아, 네.

M: J 후배는 단어의 뜻을 모르면 '사전이나 핸드폰' 또는
'핸드폰 내의 사전 등등에서 찾아서 확인한다'라고
대답한 것으로 받아들이면 되겠지?

J: 네. 그럼요.
그리고 저 말고 다른 모든 사람들도 거기에 꼭 포함시켜
주시면 감사하겠습니다.

M: 당연하다?

J: 호호.

M: 하하.

그럼 J 후배를 포함해서 다른 모든 사람들도 정답을
맞춘 것으로 하면서, 박수 짝짝짝 하면서
문장을 한 번 볼게.

J: 호호.

M: 'I am a boy You like.'

이 문장에서

만약에

'boy' 뜻을 모른다고 하면 J 후배는 어디에서 찾는다고
했지?

J: 사전이죠. 저 말고도 모든 사람들이 모두, 전부 똑같이
한다고도 말씀드렸고요.

M: 하하. 그랬지.

그렇다면 'boy'라는 단어의 뜻을 모른다고 했을 때 사전
에서 찾아보고, 그 의미를 알게 되는 과정을 거치게
되겠네? 그렇지?

J: 네. 그렇죠.

M: 그래서 그 단어의 의미를 알게 되고.

J: 네. 그렇죠.

M: 그래서 'boy'라는 단어가 '소년'이라는 의미라는 것을 알게 된거네? 그렇지?

J: 네. 그렇죠.
선배님, 그런데요….

M: 응.

J: 제가 여기서 의문점이 드는 게 있는데요.

M: 응.

J: 지금 혹시

M: 혹시

J: 'boy'라는 단어를 사전에서 찾아보면 여러 가지 뜻이 있으니까 처음부터 그러한 모든 뜻을 동시에

M: 동시에

J: 알아가야 한다는 그런 말씀을 하시려는 것 같은 의구심이 강하게 들거든요.

M: 하하.

J: 맞죠? 맞죠?

M: 하하.

J: 맞네, 맞어.

항상 그러셨잖아요.

알고 있다고 생각하는데 모르는.

딱이네 딱. 딱 맞았네.

M: 하하.

J: 호호.

이번에는 제가 할게요.

박수, 짝짝짝.

M: 하하.

J: 호호.

M: 이번에는

J: 아니죠, '이번에도'죠.

M: 하하.

이번엔… 아니야.

J: 네?

M: 이번에 하려고 했던 이야기는 그게 아니야.

J: 정말요?

M: 응.

J: 그렇다면…

M: 해볼게. 지금 해야 하는, 또 하려고 했던 이야기를
해볼게.

J: 아, 네.

M: 우리가 'boy'라는 단어의 의미를 사전에서 찾아서
알게 되었잖아?

J: 네.

M: 그럼 문장을 다시 한 번 볼게.

J: 네.

M: 'I am a boy You like.'
이 문장에서 'boy'라는 단어의 의미를 '소년'이라고
사전을 통해서 알게 되었다면, 사전을 찾아보고 알게
되었다면 이 문장 내에서의 'boy'라는 뜻의 의미는
어디에서 찾아봐야 할까?

J: 네? 문장 내에서요?

M: 그렇지 문장 안에서.

J: 'boy'가 '소년'인데 문장 내에서 뜻이 달라지나요?
같은 뜻 아닌가요?

M: 그럼, 다시 한 번 물어볼게. 이 문장을 다시 한 번 보고.
'I am a boy who likes you.'

J: 선배님.

M: 무슨 뜻인지 알겠어?

J: 모르겠는데요.

M: 하하.

그럼 다시 물어볼게.

J: 네.

M: 우리가 'boy'의 뜻을 사전을 찾아서 '소년'이라고
알고 있잖아.

J: 네.

M: 그럼 내가 다시 물어볼게.

J: 네.

M: 문장 내에서 '소년'을 뜻하는 'boy'는 어떤 소년?
하고 물으면

J: 네? 어떤 소년이요?

M: 응. 어떤 소년.

J: 어떤 소년이요….

M: 응. 어떤 소년.

내가 이렇게 '어떤 소년?'이라고 물으면 J 후배는 어떤
소년인지를 어디에서 찾을 계획이지?

사전? 휴대폰? 휴대폰 내에 있는 사전?
아니면 집에 있는 책으로 된 사전?
아참, J 후배 말고도 다른 모든 사람들은 어디에서
찾아야 하지?

J: …

M: …?

J: 일단, 다른 모든 사람들은 뺄게요.

M: 하하.

J: 선배님.

M: 왜~

J: 저….

M: 왜…

J: 어디에서 찾아야 할까요?

M: 하하.

J: 정말 그러네요. 어떤 소년
어디에서 찾아야 할까요?

M: 알려 줄까?

J: 네. 알려 주세요.

M: 정답은

J: 네.

M: 바로

J: 네, 바로

M: 바로

J: 바로

M: 사전

J: 사전
네?
사전?

M: 맞아. 바로 사전이야.

J: 정말요?

M: 응. 정말로.

J: 저는 정말 지금, 아주, 딱 이 말이 생각이 나네요.

M: 어떤 말이 생각났지?

J: 바로

M: 하하, 바로

J: 바로

M: 바로

J: '어떤 사전'이요?

M: 하하하.

J: 정말이에요. 아니 도대체 어떤 사전에 문장 내에 쓰인 '어떤 소년'의 뜻이 나와 있을 수 있느냐는 것이죠.

M: 그렇다면 J 후배는 왜 그런 사전이 없을 거라고 생각하지?

J: 없다기보다 있기가 힘들 것 같아서요.

M: 하하. 조금 더 구체적이면 좋겠는데, 설명이

J: 왜냐하면요, 영어 단어 하나만 해도 자체적인 뜻, 쓰임, 설명, 예문 등등 하면 하나의 단어만 해도 몇 페이지씩 되는데

M: 되는데

J: 아니 어떻게 문장 내에서 쓰인 단어의 각각의 뜻까지 설명할 수 있겠어요. 지금도 두꺼운 사전… 아! 혹시, A.I 사전? 인공지능이요. 인공지능사전!

M: 하하.

J: 아니네요.

M: 하하.

J: 정말이지 사전은 안 될 것 같아요.

문장이 한 두 개도 아니고….

M: 문장이 한 두 개가 아니고, 많다?

J: 많죠. 엄청 많죠.
'어떤 소년' 하면

M: '어떤 소년' 하면

J: 이렇게 되는 거죠.

M: 어떻게 되지?

J: 밥 먹는 소년, 아니 참, 반대로 해볼게요. 배운대로

M: 응.

J: 소년 아주 잘 생긴

M: 하하, 응.

J: 소년 학교가는, 소년 책 읽는, 소년 그림을 그리는…

M: 맞아, 맞았어. 정확해.

J: 네, 이런 거죠.

M: 하하.
문장이 많다?

J: 네.

M: 그래서

J: 그래서

M: 사전을

J: 사전을

M: 준 거야.

J: 주셨다고요?

M: 응.

J: 언제 주셨죠? 전 받은 적 없는데요.

M: 하하.
그럼 다시 말해 볼게.

J: 네.

M: 사전을

J: 사전을

M: 사전을

J: 네, 사전을

M: 준 거야

J: 그러니까 언제 주셨냐고요?

M: 문장마다

J: 문장마다. 네, 그렇죠.

그러니까 문장마다 전부 뜻이 틀리⋯ 아!

M: 알았어?

J: 아니요, 잘 모르겠는데요.

M: 하하, 알았지?

J: 네, 호호
그런데 정말 조금 알 것 같아요.

M: 맞아 바로 그거야.

J: 문장을 다시 볼까요?

M: 하하, 좋아.
그럼 이제 문장을 다시 한 번 볼까?

J: 네.

M: 'I am a boy You like.'
이 문장에서 'boy'가 어떤 소년인가,라고 했을 때
'You like' 즉 '네가 좋아하는' 이라는 내용이
앞에 있는 'boy'라는 단어를 설명해주고 있는 거거든.
그렇지?

J: 네.

M: 그렇기 때문에 우리는 이 문장에서의 소년에 대해
알 수 있고 또 의미를 전달 받을 수 있게 된다고 할 수

있지.

J: 아, 네.

M: 사전이나 핸드폰 등에서 찾는 수고로움 없이 단어 뒤에 바로 설명을, 사전을 위치시켜서 자세하게 설명해 주고 있는 거거든.

J: 아, 네.

M: 그리고

J: 네.

M: 우리가 영어 문장이 길어져서 어려운 경우가 있잖아.

J: 아, 네.

M: 이 사전에 내용이 더욱 자세하게 설명되어 있어서 그런 거야.

J: 아, 네.

M: 아주 친절하고 자세하게 설명해 줄수록 사전에 내용이 많아지겠지?

J: 네.

M: 그러니까 앞으로도 영어 문장이 길어지면 사전에 설명이 자세하게 나와 있어서 그렇구나,라고 생각하면 돼.

J: 그렇다면 영어 문장이 길어지면 우리가 모르는 부분을

자세하게 설명해 주는 것이니까 오히려 감사해야 겠네요. 친절과 자상함에

M: 하하.
이 이야기는 영어를 보는 시야의 전환을 위해, 도움을 위해 하는 이야기거든.

J: 네.

M: 우리가 영어 문장을 볼 때 후치수식, 또는 많은 문법적 규칙들 때문에 어려움을 가지고 있잖아.

J: 네.

M: 그 어려움도 보는 시각의 차이에 따라 달라질 수 있거든.

J: 아, 네. 정말 그런것 같아요.

M: 그렇지.

J: 왠지 영어 자체에 사전이 있어서 설명을 해준다고 생각 하니까 안정도 되고.

M: 그렇지 조금 더 편안한 마음으로 영어 문장을 볼 수 있게 된다면 엄청난 수확이라고 할 수 있지.

J: 네 알겠습니다. 선배님, 그리고요.

M: 응.

J: 제가 참 그런데요.

M: 왜?

J: 제가요.

M: 응.

J: 의문이 드는 게.

M: 응? 의문?

J: 네. 의문이 드는 게 있는데요.

M: 응.

J: 질문해도 될까요?

M: 지금 우리가 한 이야기에 대해서?

J: 네.

M: 뭘까?

J: 저… 있잖아요.

M: 응.

J: 그러면

M: 응.

J: 어떤 아이는 어떻게 되는 거에요?

M: 어떤 아이?

J: 네.

'어떤 아이'요.

M: 커피 말고 다른 걸로 더 할까?

- 어순 2.1

J: 너무 맛있는데요.

M: 맛있어?

J: 네, 선배님.

M: 커피인데. 괜찮아?

J: 네, 선배님.

M: 커피를 많이 마셨는데도 괜찮아?

J: 네. 저는 커피맛이 좋더라고요. 아이스크림도.

M: 그래. 맛있긴 하지.

J: 선배님.

M: 응.

J: 우리요.

M: 응.

J: 아까 하던 말 계속해야 하는 거 아닌가요?

M: 아까 하던 말.

J: 네.

M: 해야지.

J: 그런데요.

M: 응.

J: 저는요.

M: 응.

J: 왜 자꾸

M: 응.

J: 선배님이

M: 응.

J: 뭔가 조금 다른 것 같다는 느낌이….

M: 내가?

J: 네.

M: 아니야 내가 왜.

J: 아니요. 그런 것 같아요.

M: 그래?

J: 네.

M: 왜?

J: 그냥 왠지

M: 응.

J: 갑작스러운 질문에 당황하신 건지 아니면

M: 아니면

J: 생각을 못하셨던 건지
　　생각을 강조하시던 분이었는데

M: 하하.

J: 뭐 그런 것 같아서요.

M: 그랬구나.

J: 호호 맞네. 생각 못 하신거 맞네.
　　그랬구나, 하시는 거 보면

M: 하하.

J: 맞네, 호호.

M: 아, 그렇게 생각한다면, 이야기를 조금 더 해야 할 것
　　같은데, 해볼까?

J: 네. 좋죠. 해야죠.

M: 응, 좋아.

그럼 아까 한 질문이 뭐였지?

J: 질문이요?

M: 응.

J: 간단해요.

M: 응.

J: '어떤 아이'요.

M: 음… '어떤아이'라….

J: 네. '어떤아이'는 어떻게 되는 건지를 질문했었죠.

M: 답을 알고서 질문한 건가?

J: 호호, 선배님도 제가 질문하니까 생각하신거죠?

M: 하하, 그런 건 아니고

J: 저는요.

M: 응.

J: 제 생각이 맞는 건지 확인하고 싶어서요.

M: 다시 질문하는 건가?

J: 네.

M: J 후배가 생각하고 있는 것이 맞는지 틀리는지를 묻고

있는 것이지. 지금.

J: 네.

M: 그렇다면 내 생각에

J: 생각에는요.

M: 맞아 J 후배의 생각이 맞아.

J: 맞죠. 맞아요. 그런 것 같아요.

M: 단, J 후배가 물어본 어떤 아이가 어떤 'I'냐는 질문이
맞다면

J: 네. 맞아요, 선배님. 어떤 'I'

M: 그렇지. 같은 원리를 적용하면 생각할 수 있는 부분
이니까.

J: 네. 맞아요.
boy를 뒤에서 설명해 주고 있는 사전이 있다면 'I'도
뒤에서 설명해 주어야 하는 사전이 있어야 한다는 이야기죠.
제 이야기는.

M: 맞아 정확히 파악을 한 거야. 그 부분에서
이야기가 나왔으니까 문장을 다시 한 번 보자고.

J: 네.

M: 'I am a boy You like.'

이 문장에서 'I'가 어떤 'I'인지를 물었을 때
바로 뒤에 사전이 있다면

J: 어떤 'I'는 바로 'am' 하고 있는 'I'라는 것이죠.

M: 맞아.

J: 같은 원리로 'am'은 '~이다'라는 뜻으로, 물론
다른 뜻도 있지만 이 부분에서는 그냥 '~이다'라고
가정하고

M: 네. J 선생님.

J: 갑자기 웬 선생님이요?
호호.

M: 하하.

J: 너무 비약인가요?

M: 그렇지 않아. 맞아. 맞지

J: 네. 맞는 것 같아요.

M: 하지만

J: 네. 하지만

M: 우리가 여기서 중요하게 생각해야 하는 건

J: 생각해야 하는 건

M: 사전의 범위라는 것이지.

J: 범위요?

M: 응. 범위.
조금 더 정확하게 표현하자면
사전에 나와 있는 설명의 범위라는 것이지.

J: 아, 네.

M: 'I'를 'am'에서 설명을 끝내는 것이 아니고

J: 아니고요.

M: 뒤에 나와 있는 모든 부분을 설명의 범위라고도 할 수
있는 것이지.

J: 모든 부분을요?

M: 그렇지.

J: 아, 네.

M: 'I am a boy You like'에서
어떤 'I' 하면 'am a boy You like.' 즉
'네가 좋아하는 소년입니다.' 여기까지 전부를 설명으로
볼 수 있는 것이지.

J: 아, 네. 점점 확장되는 거네요.

M: 그렇지, 점점 확장되면서 결국 우리가 하려고 하는

영어의 의미 파악의 목표에 다가가는 건 맞지만

J: 맞지만

M: 너무 어려워진다고 할 수 있어. 처음부터.

J: 아, 네.

M: 그리고 이 부분, 즉 의미확장의 이야기는 의미의 단위에 관한 이야기가 될 수 있거든.

J: 의미 단위요?

M: 그렇지 의미 단위

J: 혹시?

M: 하하, 맞아.

J: 끊어 읽기? 직독직해? 나중에 말씀하신다고….

M: 그래, 맞아.
   의미 단위 하면 생각나는 말들이지.

J: 네. 맞아요. 의미 단위, 끊어 읽기, 직독직해

M: 잘하고 있지?

J: 네? 저요?

M: 응.
   잘하고 있지 않나?

다 배웠잖아.

J: 어휴, 선배님.

M: 왜. 하지 말라고?

J: 그럼요, 배웠다니요.

M: 안 배웠어?

J: 배웠죠.

M: 그런데?

J: 왜 그런 말을 했는지는 잘 모르겠는데요.

M: 응.

J: 돌아서면

M: 하하, 알겠어.

J: 맞는 것 같아요.

M: 뭐가 맞아. 잘 모르겠다면서.

J: 잘 모르겠지만 맞는 것 같아요. 확실해요.
   맞는 것 같아요.

M: 하하.
   잘 모르겠지만 맞는 것 같다.

J: 네.

M: 하하.

J: 정말 잘 못해요.

M: 독해가 어렵지?

J: 네. 오늘 배우면 알겠는데 내일 보면 안 되더라고요.

M: 하하.
품사는 알지?

J: 네, 그럼요. 품사는 알죠.

M: 그럼 문장 성분은?

J: 문장 성분은 조금 헷갈리더라고요.

M: 하하.
그럼 문장 성분에 대해서 이야기를 조금 해볼까?

J: 네.

M: 문장 성분은?

J: 네.
일단 주어, 동사, 목적어, 보어, 수식어
이렇게요.

M: 그렇지.
그러면 아까 처음에 어순과 관련돼서 이야기할 때
J 후배가 말한 부분이 기억나지?

J: 네? 어떤 부분이요?

M: '주', '동', '목', '보' 말이야.

J: 아, 네. 주어, 동사, 목적어, 보어요?

M: 응. '주동목보'.

J: 네.

M: 그런데 여기서는 수식어가 하나 더 나왔네.

J: 네.

M: 그런데 왜 아까는 얘기 안 했지?

J: 아, 그거는 문장에 꼭 필요한 부분이 있고, 그렇지 않은 부분이 있어서,라고 배워서요.

M: 맞아. 맞았어.
문장에는 필수 성분이 있고 그렇지 않은 부분이 있지.
그래서 문장 성분 5가지 중에서

J: 선배님.

M: 응.

J: ….

M: 재미 없다고?

J: 네.

M: 졸리다고?

J: 네.

M: 좋아. 이 부분은 그럼 그냥 넘어갈까?

J: 네?

M: 그냥 넘어가지 뭐.

J: 선배님.

M: 응.

J: 그건요.

M: 그건 뭐?

J: 조금

M: 조금 뭐?

J: 아닌 것 같아요.

M: 하하.

J: 호호.

M: 해야 할 것 같긴 한데 안 했으면 좋겠고, 그런가?

J: 정

M: 답

J: 호호.

M: 하하.

J: 호호.

M: 그럼 이렇게 한 번 해볼까?

J: 어떻게요?

M: J 후배가 주가 돼서

J: 제가 주가 된다구요?

M: 응. 주가 되는 거야.

J: 제가 주가 돼서 설명을 하라고요?

M: 아니.

J: 그럼요?

M: 질문을 하는 거야.

J: 아, 네.
　　질문을요.

M: 응 질문.
　　지금까지 해오면서 궁금했던 부분이나 이해가지 않았던
　　부분들을 질문하는 거야.

J: 아, 네.

M: 괜찮지?

J: 네. 괜찬긴 한데.

M: 괜찬긴 한데.

J: 너무 많아서요.

M: 하하, 괜찬아.
해보자고.

J: 네.

M: 해볼까?

J: 네. 그럼 저의 첫 질문은요.

M: 질문은?

J: of요.

M: of?

J: 네

M: 전치사?

J: 네. 전치사 of '~의'

M: 하하 전치사, 어렵지

J: 네.

M: 아까는 후치수식, 그러니까 뒤에 위치해서 수식해주니까

어렵고, 이번엔 전치사 그러니까 앞에 위치해 있는
것이라서 어렵고….

J: 네. 호호.

M: 특히 'of'는

J: 네 앞 단어와 뒤 단어의 관계가 정말 헷갈리는 것
같아요.

M: 그렇지.
A of B 했을 때

J: 네 B의 A인지, A의 B 인지….

M: 맞아. 헷갈릴 수가 있지.

J: 네.

M: 그러면 생각해 보자고.
'A들 of B'에서

J: A가 복수인가요?

M: 그렇지.

J: B는 단수?

M: 그렇지
그러면

J: 네.

M: 'A들 of B (is, are)~'

이 문장에서 어떤 걸 써야 할까?

J: is, are 두 개 중에서요?

M: 그렇지.

J: 단수냐, 복수냐?

M: 중간 그렇지.

J: 중간 그렇지요?

M: 응. 중간 그렇지.

J: 그렇다면

M: 그렇다면

J: 단수인 것이냐, 복수인 것이냐?

M: 하하. 조금 더 그렇지.

J: 휴. 그렇다면

M: 그렇다면

J: 음

M: 음

J: 주어가

M: 그렇지, 완전 그렇지.

J: 야호

M: 하나 더.

J: 네? 하나 더요?

M: 응. 하나 더.

J: 음

M: 음

J: 음….

M: 사

J: 아! 전!
사저언!

M: 그래. 맞아.

J: A들 of B

M: 맞아.

J: of B

M: 그렇지.

J: 사

M: 전

J: 이야호

M: 그만.

J: 네.

M: 더 이상의 확장은

J: 더 어려워 질 수 있다.

M: 하하.

J: 근데 정말

M: 그만

J: 그런데요, 선배님.

M: 응.

J: 예외가 있을 수 있겠죠? 일부, 몇몇?

M: 그렇지.

J: 아, 네.

M: 하지만 어때 지금, 조금 더 찾을 수 있겠지?

J: 느낌이요?

M: 그렇지.

J: 네. 완전.

M: 그러면 한 번 더 확인해 볼까?

J: 네.

M: '나무들 of 학교' 해볼까?

J: 네.

M: '나무들 of 학교 (is , are)~'

J: '나무들 of 학교 are~'

M: 그렇지, 그런데 왜 그렇지?

J: of 학교는 나무들을 설명해 주고 있는 사전으로 보면

M: 그렇지.
나무들인데 어떤 나무들?

J: of 학교요.

M: 맞아. 그렇지.

J: 아, 정말

M: 그만

J: 네.

M: 참, 그리고 한 가지 더 이야기한다면
전치사 다음에는 명사만 올 수 있다는 것이지.

J: 네.

M: 전치사와 명사가 결합해서 또 문장 내에서

여러 가지 역할을 할 수 있고.

J: 아 네.

M: 형용사나 부사의 역할 등등

J: 네.

M: 조금 전의 'of 학교'는
형용사의 역할이겠지.

J: 네?

M: 나무들이 명사니까 명사를 설명하는 것은 형용사거든.
그러니까 형용사라고 할 수 있지.

J: 아, 네.

M: 그런데 한 단어가 아니라 또는 단어 중에서 명사를
제외한 다른 부분을 설명하는 경우도 있어.
연관이라고 할 수도 있고.

J: 부사의 역할이죠.

M: 그렇지 맞았어, 부사.

J: 네. 알 것 같아요.

M: 그러면 알고 있다니까 설명을 한 번 해볼까?

J: 제가요?

M: 응 그냥 아는대로만.

J: 음, 일단 이런 경우 같아요.
나는 읽는다 책을 in 그 방

M: 음, 좋은데?

J: in은 '~안에서'라고 해석할 수 있으니까

M: 그래, 맞아. 뭐 다른 의미도 있겠지만 우선은

J: 네.

M: 그리고

J: 'in 그 방'이 바로 앞의 책을 설명하는 것이 아니고

M: 아니고

J: '나는 읽는다 책을'라는 전체를 설명? 연관?

M: 맞아, 정확해.
책을 읽고 있는 장소에 대한 설명이지, 연관된다고
할 수도 있고.

J: 휴.

M: 잘했어.

J: 다 알고 있는 내용인데도 막상 설명하려니까

M: 어렵지?

J: 네.

M: 쉬운 건

J: 없다.

M: 그렇지.
그리고 정리를 조금 더 해보면

J: 네.

M: 전치사 다음에 왔던 게 뭐랑 뭐였지?

J: of 학교, in 그 방 등이요.

M: 맞았어. 전치사 다음에

J: 명사죠.

M: 그렇지 아까 말한대로 전치사 다음에는 명사만

J: 올 수 있다.

M: 그렇지 명사만 올 수가 있지.

J: 네.

M: 그래서 지금까지 얘기한, 전치사와 명사의 조합을
전명구라고 하잖아

J: 네. '전치사+명사'. 전명구.

M: 맞아.

아, 그리고 참, '구'와 '절'은 알고 있지?

J: 네, 선배님.
'구'는 두 개 이상 단어의 조합
'절'은 주어 동사가 있는 문장

M: 잘 알고 있네.

J: 호호.

M: 그래, 그러면은 명사 얘기가 나왔으니까 이야기를
조금 더 해볼까?

J: 네.

M: 명사가 한 단어일 수도 있지만, 여러 단어가 모여서
명사의 역할을 할 수가 있다 는 것도 알고 있나?

J: 네, 선배님. 알고 있어요.

M: 그럼 말해볼까?

J: 네.
명사구, 명사절, to부정사구, Ving구 등등이요.

M: 하하. 전문가네.
문법 지식이 상당해.
Ving… 하하.

J: 알긴 아는데….

M: 하하.

아, 그리고 얘기한 부분 중에서

J: 네.

M: to부정사구, Ving구는 명사구에 포함…

J: 된다.

M: 맞았어. 명사구라고 하면 보통 두 가지를 말하거든.

J: 아, 네.

M: 하지만 이러한 문법적인 용어들보다도 지금 부분에서 우리가 조금 더 생각해야 하는 부분은

J: 네.

M: 단어와 단어가 합쳐져서 하나의 역할을 할 수 있다는 거야.

J: 아, 네.

M: 그리고 또 한 번 더 확인해 보면

J: 네.

M: 그 역할에는 무엇 무엇이 있다?

J: 네? 역할이요?

M: 그렇지, 역할.

주, 동

J: 아, 주어, 동사, 목적어, 보여요.

M: 그렇지.

그럼 이제 자동으로 또 한 번 나와볼까?

J: 호호.

시작해 볼까요?

M: 하하, 그래. 해 보자고.

주어 자리에 올 수 있는 건?

J: 명사, 명사 상당어구

M: 동사 자리에 올 수 있는 건?

J: 동사

M: 그렇다면 이제, 목적어 자리에 올 수 있는 것은?

J: 주어 자리에 있던 것을 그대로 옮겨 오기만 하면 되니까
이건 식은 죽…

M: 왜?

J: 근데요.

M: 응.

J: 듣기로는 그냥 옮겨 오기만 하면 된다던데요.

M: 그렇지. 명사, 명사 상당어구. 주어 자리랑 똑같으니까. 목적어 자리는.

J: 잘 안 되던데요.

M: 하하 하하 하하.

J: 나만 그런가?

M: 하하. 일단은 조금 더 가보자고. 하나 남았으니까.

J: 네.

M: 보어 자리에 올 수 있는 것은?

J: 명사, 형용사

M: 좋았어.

J: 알긴 다 알아요.

M: 하하.
명사가 많지?

J: 네.
주어, 목적어, 보어 전부 쓰여요

M: 그렇지. 그리고 문장의 주 역할은 아니지만 수식어가 있지. 수식어는?

J: 형용사, 부사

M: 그렇지. 그럼 한 가지 더 확인해 볼게.

J: 네.

M: 아까 전치사와 명사가 합쳐져서 어떤 역할을 한다고 했지?

J: 음⋯

M: 형용

J: 아! 형용사 부사요.

M: 그렇지. 그럼 형용사 부사는 어떤 역할이라고?

J: 수식어요.

M: 그렇지. 형용사 부사는 수식어다. 이런 얘기지. 그럼 수식어는 문장의 주성분이

J: 아니다.

M: 그렇지 문장의 주성분은?

J: 주, 동, 목, 보

M: 그렇지.

J: 아! 그래서

M: 조금 알겠어?

J: 네. 완전.

M: 하하.

J: 그래서 긴 문장 독해할 때 동사부터 찾고 수식어들
괄호로 묶고

M: 그렇지, 수식어가 많으니까 독해할 때 어렵지.
또 문제를 풀려고 하면.

J: 네, 맞아요. 선배님.
수식어 찾아서 괄호 하고 묶고 지우고 하다 보면
진짜 무슨 마술같이 주어 동사 딱 남고

M: 하하.

J: 그래도 해석할 때는 수식어까지 다 했었던 것 같아요.

M: 그렇지 다 해야지.
다 필요한 부분이니까. 필요없는 부분은 없어.

J: 네, 맞아요. 선배님.

M: 그러면 이 질문은 이제 정리하는 걸로 하고
또 다른 궁금한 거는?

J: 아! 그거요?

M: 어떤 거?

J: 4형식이요.

M: 4형식?

J: 네. 4형식.

M: 5형식 중에서 4형식?

J: 네. 호호.
저는 5형식 중에서 4형식이 그렇게 안 되더라고요.

M: 하하 다른 건 잘 되지?

J: 잘 된다기보다

M: 4형식이 조금 와 닿지 않는다는 얘기지?

J: 네. 맞아요.
알기는 하는 것 같은데 잘 안 와닿더라고요.

M: 그 부분은 간단하게 이야기하면

J: 네.

M: 단어만 나와 있어서 그런 거야.

J: 네? 단어만 나와 있어서 그렇다고요?

M: 응. 전치사나 뭐 다른 표시가 있어야 되는데 아무것도
없이 그냥 단어만 나와 있으니까, 물론 뭐 전치사도 단어
긴 하지만

J: 아, 네. 살짝 이해가 가려고 하는 것 같아요.
전치사가 없다고 하시니까요.

M: 그렇지?

예를 들어 보면
'나는 주었다 to 그 사람 책을'
이러면 조금 이해가 쉬운데

J: 네.

M: 이렇게 나오거든
'나는 주었다 그 사람 책'
무슨 말이냐고요. 이거 맞지?

J: 호호 네 맞아요. 맞는 것 같아요. 호호.
'I gave him a book'
이렇게죠.

M: 그렇지.
그렇게 보니까

J: 네.

M: 내가 저 문장을 어떻게 해석했나 하는 생각이 드네.

J: 호호.

M: 참 어렵다 진짜.

J: 호호 제가 할 말 같은데요.

M: 여기서 이제 영어의 자리. 위치가 중요하다는 말이 안
나올 수가 없는 거거든.

J: 네, 맞아요. 영어의 위치. 수없이 들은 말이지만
진짜 느낌이 팍 오네요.

M: 느낌이 왔다는 얘기는 궁금함이 조금 풀렸다는 얘기겠지?

J: 네.

M: 'I gave him a book' 이 문장에서
해석할 때 우리는 'him'을 주로 '그를'로 하잖아.

J: 네, 맞아요. 그것도 조금 영향이 있었던 것 같아요.
'him'을 '그를'이 아니고 '그에게'로 해석해야 하니까요.

M: 그렇지. 그래서 더 어렵고 안 와닿을 수 있거든.

J: 네, 맞아요.

M: 이런 어려움들은 적응으로 해결해야 하거든.

J: 아!

M: 적응 오랜만에 나왔지?

J: 네 알겠어요.

M: 그렇지. 시투…

J: 시간투자, 노력투입

M: 그렇지.

J: 네 알겠습니다.

M: 아, 그리고

J: 네.

M: 이 부분은 필요할 것 같아서

J: 네

M: 준동사 알지?

J: 준동사요?

M: 응 준동사 아까 얘기했던 to+V 그리고 V+ing

J: 아 네.

M: 그리고 하나 더해서 PP라고 하는 과거분사까지가 준동사거든.

J: 네.

M: 이 준동사들은 이름에도 동사가 들어가 있듯이

J: 네.

M: 동사의 변형이라고 이해하면 될 것 같아.

J: 아 네.

M: 그래서 동사처럼 목적어를 가질 수 있고 의미상이지만 주어가 올 수도 있지.

J: 네.

M: 이 부분은 우리의 시야를 확장하는 데 도움이 될 수 있어.

J: 네?

M: 문장에서 to+V ,V+ing, PP를 보게 되면 앞 단어와
   뒤에 나오는 단어까지 시야를 확장해 보는 거야.

J: 아, 네.

M: 이런 식이지
   그는 원한다 me to eat 스파게티

J: 아!

M: 스파게티?

J: 네.

M: 하하.

J: 알겠어요, 선배님. 시야의 확장!
   그리고 'me'가 '내가'로 해석되는 의미상 주어로 사용.

M: 좋아 좋아.
   그러면 또, 다른 건?

J: 아직도 많죠.

M: 아직도?

J: 그럼요.
   수동태, 가정법, 도치….

M: 다네.

J: 호호.
　　참, 그런데요, 선배님.

M: 응. 왜?

J: 제가요.

M: 응.

J: 하면서 느낀건데요.

M: 응.

J: 처음부터 안 해도 될까요?

M: 하하.

J: 그런 것 같아요.
　　다시 해야 할 것 같아요.

M: 8품사부터

J: 네, 그렇죠.

M: 주어부터?

J: 네.

M: 전부 모조리 싹?

J: 네. 그래야 할 것 같아요.

불안해서 안 될 것 같아요.

M: 하하.

J: 아니에요. 정말이에요.
하면 할수록 불안해서

M: 맞아 그렇지. 하면 할수록

J: 네.

M: 그럼 여기서 내가 또 하나 물어 볼게.

J: 네.

M: 지금 우리가 무슨 이야기를 하고 있었지?

J: 네?

M: 금방 생각날 텐데.

J: 음
아! 어순이요. 문법이 아니라고 착각하고 싶은

M: 생각났네. 맞아. 그렇지.

J: 네 생각났어요. 금방

M: 그럼 어순 문법은 왜 필요하다고 했지?

J: 그건
의미를 알기 위해서였죠.

M: 맞아. 그랬지.

의미를 알기 위해서였지.

J: 아참, 선배님.

그런데요.

M: 응.

J: 우리 끊어 읽기, 직독직해 했나요?

M: 하하.

J: 안 한 것 같은데요.

M: 그럼 지금 할까?

J: 네? 지금요?

M: 응. 지금.

지금 하지 뭐.

J: 아, 네.

M: 직독직해는 아까부터 했었고

J: 네?

M: '그는, 원한다, 내가, 스파게티, 먹는 것을'도 있고

J: 아, 네.

M: 이런 게 직독직해지 뭐.

J: 그럼 끊어 읽기는요?

M: 끊어 읽기는

J: 네.

M: 주어+동사에서 끊고

J: 네.

M: 주어+동사 다음에 명사나 형용사 오면 끊고
그 다음에

J: 선배님.

M: 응.

J: 처음부터 다시 해야 할 것 같은데요.

M: 하하.
이제 무슨 이야기인지 알겠어?

J: 아니요. 전혀 모르겠는데요.

M: 음.
J 후배가 처음부터 다시 시작해야 하는 건 좋은 일이야.

J: 좋은 일이요?

M: 그렇지. 영어를 한 번 또는 두 번 한다고 해서 되는 건
아니거든.

J: 아, 네.

M: 하지만

J: 하지만

M: 전체적인 틀을 알고 또 보면서 하는 것과는 다르다는 이야기지. 물론 지금 질문하고 또 설명 들은 부분들을 참고해야 되겠지.

J: 아, 네.
전체적인 틀이요.

M: 그렇지 전체적인 틀, 즉 시스템.

J: 시스템이요?

M: 응, 시스템.

J: 아, 네.

M: 시스템은 전체적인 틀이라고 했으니까

J: 네.

M: 그 시스템에 무엇 무엇이 있는지 알아야겠지?

J: 네.

M: 무엇 무엇이 있지?

J: 음, 주어, 동사, 형용사

M: 하하.

J: 명사, 부사

M: 하하.

영어에는 주어와

J: 주어와

M: …

J: 주어와

M: 사전이 있는 거야.

J: 네?

주어와 사전이요?

M: 그렇지. 주어와 사전.

조금 더 설명해 줄까?

J: 네. 그래야 할 것 같아요.

M: 주어 다음에 뭐가 오지?

J: 동사요.

M: 그 다음은?

J: 목적어요.

M: 그렇지. 그렇다면 아무리 긴 문장이라도

J: 네.

M: 주어가 몇 개?

J: 한 개.

M: 동사는?

J: 몇 개?

M: 바뀐 것 같은데.

J: 호호. 몇 개? 한 개.

M: 맞았어. 한 개씩이야.

J: 그건 누구나 다 아는 얘기인…
   아!

M: 맞아, 바로 그거야. 그게 큰 틀이고 시스템인 거야.

J: 주어 한 개. 본동사 한 개.
   주어에 대한, 동사를 포함해서 모든 것이 주어에 대한
   설명.

M: 그렇지.
   이 시스템을 알고, 전체적인 틀을 보고 영어를 다시 하게
   되면, 달라질 수 있지.

J: 아, 네. 정말 그럴 것 같아요.

M: 우리가 소리듣기에서부터 시작해서 지금까지 왔는데

J: 네.

M: 영어 자체의 소리를 들을 수 있고

J: 네.

M: 영어의 전체적인, 즉 문법적인 지식에 기초해서

J: 네.

M: 문법적 기초 지식은 있어야 돼.

J: 아, 네.

M: 있으면서, 주어를 주어 외의 모든 구성성분 즉 동사, 목적어, 보어, 수식어들이 결합하면서 주어에 관한 설명을 하고 있다는

J: 있다는

M: 영어의 시스템을 알게 되면

J: 알게 되면

M: 우리는 갖게 될 수 있지.

J: 설마요.

M: 진짜로.

J: 진짜요?

M: 그럼.

J: 그 휘황찬란한

M: 하하.

J: 시

그 말로만 듣던

M: 하하.

J: 시스

M: 맞아. 바로 그거야.

J: 시스루

M: 어허

J: 호호

M: 하하

J: 정말로 우리도 영어 시스템을 갖게 될 수 있다고요?

M: 그렇지.

J: 영어가 막 입에서 술술 나오는

M: 그렇지.

J: 이야

M: 괜찮지?

J: 그럼요. 엄청나죠.

그런데요.

M: 응.

J: 저는요.

M: 응.

J: 언제 갖게 돼요?

M: 시스템?

J: 그럼요. 시스템.
영어가 술술 나오는 시스템이요.

M: 다시 한다며?

J: 다시요?

M: 응. 다시.

J: 처음부터요?

M: 그러면 좋고.

J: 정말요?

M: 그럼 당연하지.
그럼 뭐 무슨 얘기 듣고

J: 네.

M: 깨닫고

J: 네.

M: 터득하고

J: 네.

M: 바로 할려고 그랬어?
내일부터?

J: 아니요. 그건 아니지만.

M: 아니지만?

J: 음

M: 음 뭐?

J: 그럴려고 했었던 것 같기도 하고…

M: 바람이?

J: 네.

M: 바람이지. 오늘 해서 내일 되는

J: 호호,
알겠어요, 선배님.

M: 열심히 해야 할거야.

J: 네.

M: 소리 듣기 했으니까

J: 네.

M: 일단 듣고

J: 네.

M: 아까 말한

J: 네.

M: 주어와

J: 네.

M: 사전의 개념

J: 아, 네.

M: 이 개념을 잘 생각하면서

J: 네.

M: 다른 문법이나 다양한 영어 문장을 읽고 또 해석하다 보면

J: 보면

M: 시스템이 형성될 거야.

J: 아, 네.

M: 특히

J: 특히

M: 주어와 사전의 개념에서

J: 네.

M: 사전 보는 법을 잘 생각하면서 보면 도움이 되겠지.

J: 사전 보는 법이요?

M: 그렇지 사전 보는 법

J: 아, 네.

M: 사전 보는 법을 조금 더 구체적으로 이야기하자면

J: 네.

M: 사전의 범위를 보는 법이라고 할 수 있겠지.

J: 네, 맞아요. 선배님.
사전의 범위.

M: 그렇지.

J: 한 단어만 설명하는 범위로 볼 수도 있고

M: 그렇지.

J: 조금더 넓은 범위로 확장해 나갈 수 있는

M: 그렇지, 하지만 아까도 얘기했지만 처음에는 어려울 수 있으니까, 조금 천천히 시야를 넓혀나가면 좋겠지.

J: 아, 네. 그런데요 선배님.

M: 응.

J: 주어가 두 개면 어떻게 해요?

M: 하하.

J: 갑자기 생각나서요. 아까는 한 개라고 하셔서.

M: 맞아. 그럴 수 있지.
접속사가 있다면.

J: 네, 맞아요. 접속사.

M: 시작해 볼까?

J: 네?

M: 접속사는 종속접속사, 등위접속사, 상관접속사가 있는데

J: 선배님.

M: 응.

J: 제가 할게요.

M: 해 보겠다고?

J: 네. 제가 하다 보면 알겠죠, 가주어인 경우도 있으니까요.

M: 그래, 바로 그거야. 예외가 있을 수 있지만,
큰 틀을 알고 스스로

J: 알겠습니다. 스스로

M: 그렇다면 이제

J: 네.

M: 소리 듣기도 했고

J: 했고

M: 큰 틀을 보는 법도 알았고

J: 알았고

M: 정말 중요한 스스로 해야 한다는 것도 알았고

J: 그건 몰랐고

M: 하하.

J: 알아야 될 것 같고

M: 하하 제일 중요한 부분이니까 꼭 알고

J: 네.

M: 좋았어. 열심히 해보자고.

J: 네, 선배님.

M: 그렇다면 이제 어순 관련은 이쯤에서 정리하면 될 것 같은데

J: 네. 선배님 조금 아쉽지만

M: 하하 아쉽다고?

J: 네.

M: 문법 좋아했나?

J: 네.
아니요. 아니요. 그건 아니에요. 그러면
이쯤에서 정리하는 걸로

M: 하하, 그러면 이제 정리하고

J: 네. 어순 문법 관련 정리하고

M: 그렇지. 정리하고

J: 네.

M: 이제까지 우리가 의미를 파악하기 위해서 어순 관련
부분을 생각하고 이야기했잖아. 그렇지?

J: 네.

M: 그런데 영어는

J: 네.

M: 소리 듣기를 해보면 알겠지만

J: 네.

M: 독특한 리듬이 있어.

J: 리듬이요?

M: 그렇지. 리듬.

J: 박수 짝짝이요?

M: 하하, 그렇지. 봤구나?

J: 그럼요. 봤죠.
박수 짝짝.

M: 맞아. 박수 짝짝.

J: 동그라미도 그리던데요.

M: 하하. 크고, 작은 동그라미?

J: 네, 맞아요. 이거요.

● · · · ● · ·

M: 하하
근데 그거 할려고 하는 건데

J: 꼭 해야 되나요?

M: 뭐 굳이 안 해도 되는데

J: 그러면 하지 말죠.

M: 그럴까? 그런데

J: 네.

M: 리듬이

J: 네.

M: 진짜 영어긴 한데.

J: 리듬. 어떻게, 캐스터네츠 가지고 올까요?

M: 하하.

J: 그런데요, 선배님.

M: 응. 왜?

J: 우리 관용어구 했나요?

M: 하하. 관용어구는 내가 %로 얘기해 줄게.

J: 네.

M: 이해

J: 이해

M: 10%

J: 암기 90%

M: 맞았어.

리듬

M: 가지고 왔나?

J: 네?

M: 캐스터네츠

J: 호호, 아니요. 안 가지고 왔죠.

M: 기억이 잘 안 나네 모양이.

J: 캐스터네츠요?

M: 응.

J: 어렸을 때 장난감 통에

M: 어이쿠 깜짝이야.

J: 왜요? 선배님 무슨일 있으세요?

M: 아니야, 그냥

J: 네.
저 어렸을 때 장난감 통에서

M: 어이쿠, 깜짝이야.

J: 선배님.

M: 응.

J: 무슨 일 있는 것 같은데요.

M: 아니야, 아니야, 계속해.

J: 장난감 통

M: 깜짝이야.

J: 퉁.

M: 깜짝이야.

J: 퉁.

M: 깜짝이야.

J: 있는데요.

M: 없어.

J: 있어요.

M: 없어.

J: 누가 봐도 있어요.

M: 그래?

J: 네.

M: 알았어. 알았으니까 일단 리듬 관련 이야기부터 하자고

J: 아니 지금 리듬이 중요해요?

M: 알았어. 일단 이야기좀 하다가

J: 네. 알았어요 그럼. 대신 이따가는 꼭

M: 알았어. 일단 리듬은

J: 뭔가 좀…

M: 알았어. 이따

J: 네.

M: 일단 영어의 리듬은

J: 네.

M: 영어의 고유한 특징이면서 우리한테는 굉장히 낯설고 어렵게 느껴지는 부분이지.

J: 네, 맞아요. 소리가 들렸다 안 들렸다.

M: 그렇지 바로 그 부분이지. 우리를 엄청나게 힘들게 했던 부분.
그래서 우리가 처음 소리 듣기를 할 때 생각을 전환하고 또 고정시키면서 듣기를 했었지.

J: 네. 생각나요 선배님.

M: 그리고 또 소리 듣기 후에 의미 파악을 위해 어순과 문법을 이야기했었고

J: 네. 선배님.

M: 그럼 이제 우리는 이 부분에서

J: 네.

M: 영어의 리듬을 파악하기 위해서

J: 네.

M: 소리에

J: 소리에요?

M: 응. 소리에.

J: 네.

M: 문법적 명칭들을

J: 문법적 명칭이요?

M: 그렇지. 문법적 명칭.
문법적 명칭들을 대응시켜 볼거야.

J: 대응이요?

M: 그렇지. 대입도 되고

J: 아, 네.

M: 우선은 우리가 봤던 그림을 다시 한 번 볼게.

J: 네.

M: 기억 나지?

J: 네.

M: 이것도?

J: 네.

M: 이것도?

J: 네. 나죠.

M: 참고로

J: 네.

M: 우리가 힘들었던 이유도 기억 나지?

J: 네. 이래서였죠.

M: 맞아. 그랬지.

J: 네.

M: 그렇다면 영어에서

J: 영어에서

M: 영어 소리에서

J: 영어 소리에서

M: 높낮이가 있었잖아.

J: 있었죠.

M: 그럼 영어는 언제 올리고
언제 내리냐는 얘기지.
아까 봤듯이 우리는 일정하잖아.

J: 그렇죠.

M: 그런데 도대체 영어는 언제 올리고 언제 내리느냐는
말이지.

J: 글쎄요.
음.
본인 마음 아닐까요?

M: 하하,
본인 마음?

J: 그렇죠. 본인 마음대로 올렸다 내렸다

M: 비 오면 내리고 눈 오면 올리고

J: 호호.

M: 그렇게 생각할 수 있지.

J: 네.

M: 그리고 따지고 보면 틀린 얘기도 아니야.

J: 그럼 맞는 얘긴가요?

M: 반 반.

J: 아, 네.

M: 영어의 리듬을 우리가 박자라고도 하잖아.

J: 네 맞아요. 박자라고 하죠.

M: 또 우리는 박자하면

J: 틀리기 쉬운 거.

M: 그렇지. 박자 맞추는 게 쉽지 않거든.

J: 네. 맞아요.

M: 그래서 우리가 영어의 이 박자를 어려워하는 거고.

J: 네.

M: 그럼 일단 언제보다도
어떤 것을 올리느냐로 바꿔보자고

J: 어떤 것을요?

M: 응, 내리는 것도 보고

J: 아, 네.

M: 조금 전에 우리가

J: 네.

M: 문법적 명칭들을 소리에 대응시킨다고 했었잖아.
기억 나지?

J: 네.

M: 영어의 올라가는 소리와 내려가는 소리를 일단 구별하고

J: 구별이요?

M: 그렇지. 구별.
구별해서 올라가는 소리에는 어떤 것이 있고 내려가는
소리에는 어떤 것이 있는지 한 번 보자고.

J: 네. 알겠어요.

M: 올라가는 소리 즉 강세는 문장 중에서 명사에 있어. 그리
고 명사를 수식하는 형용사 그리고 동사 또 명사를 제외
한 모든 부분을 수식하는 부사에 있지.

J: 아, 네. 그런데요 선배님.

M: 복잡하다고?

J: 네.

M: 이래서 영어의 리듬 부분이 학습 순서에서 뒤로 밀리는
거야. 안 그래도 할 게 많은데.
필요가 없는 것 같거든.

J: 맞아요 너무 복잡하고, 독해도 아니고.

M: 하지만 리듬은

J: 진짜 영어라고요?

M: 그렇지.
진짜 영어

J: 어떻게 할까요?
이제 박수 칠까요?

M: 하하, 좋아.
동그라미부터 하고

J: 아, 네.

M: 문장에는 이렇게 표시할 수가 있겠지.

I am a boy you like
●　·　·　●　·　●

이렇게.

J: 네. 본 것 같아요.

M: 'I'에 있고 명사 'boy'에 그리고 동사 'like'에 강세가 있지.

J: 네.

M: 지금 보듯이 인칭대명사는 있기도 하고 없기도 하고, 동사지만 be동사, 관사 또 문장에는 없지만 전치사, 접속사 등등은 강세가 없어.

J: 머리가 아파 오려고

M: 하하. 조금만 참아 보자고, 참 의문사 그리고 'not'과 같은 부정어에 강세가 있고, 그리고 명사+명사 합성어에는 앞 단어에 강세가 있지.

J: 휴.

M: 하하. 선으로 표시하면 이렇게 되겠지.

이 그림에 단어를 대입하면
이렇게 되겠지.

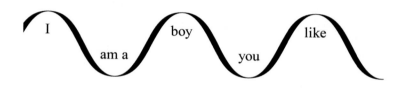

박수로 한다면

짝   짝   짝

I am a boy you like

이렇게

J: 다 똑같은 얘기 아닌가요?

M: 하하. 그렇지.

전부 다 모르겠다고?

J: 네.

M: 그래도 한 가지는 더 봐야 될 것 같은데.

J: 한 가지 더요?

M: 응 읽는 거.

J: 읽는 거요?

M: 그렇지. 박자 맞춰서 읽기.

써보면 이렇게 되지.

↑   ↑   ↑

I am a boy you like

읽어볼까?

J: I ama boy you like

이렇게요?

M: 그렇지 잘했어, 그림처럼 모음에만 강세를 주는 것이지.

J: 그런데요 선배님.

M: 응.

J: 'I'에는 강세가 있고 'You'는 없는데요, 'You'에도 있어야 하는 것 아닌가요? be동사도요.

M: 말하는 사람에 따라서 줄 수도 있고, 또 약세, 즉 강세가 없는 조동사라고 해도 문장 끝에 있으면 강세가 있고. 동사+부사는 부사에 강세가 있지.

J: 그럼 정말이지 마음대로네요.

M: 하하. 그렇게 보일 수도 있지. 그래서 아까 반반이라고

J: 아, 네.

M: 그런데

J: 네.

M: 여기서 중요한 것은 강세를 주는 단어에 약세인 단어가 몇 개인가는 상관없이 같이 처리한다는 거야.

J: 같이요?

M: 응.

　　예를 들면 우리는

J: 네.

M: 나는 소년입니다 네가 좋아하는

　　13글자네.

J: 네. 13글자

M: 그러면 다 따로 처리하잖아.

J: 그렇죠. 각 글자마다니까.

M: 그런데 영어는 3박자야.

J: 들어 본 것 같긴 한데.

M: 들어 봤지? 강세 언어.

J: 네.

M: 바로 그거야. 그래서 우리가 어려운 거고

J: 네.

M: 또 하나를 보면

　　너는 좋아한다 음악을

J: 9글자네요.

M: 그렇지 9글자.

그런데 영어는

You　　　like　　music

●　　　　●　　　●

3박자야.

J: 들어보긴 했지만 정말 헷갈리네요.

M: 그렇지. 아까 우리가 본

I am a boy you like도
3박자야.
같은 3박자.

J: 단어가 아무리 많아도 이렇게 되나요?

M: 약세인 단어일 경우지.

J: 아, 네. 약세 단어.

M: 맞아. 약세 단어일 경우 아무리 많아져도 강세 단어가
2개면 2박자. 3개면 3박자.

J: 그러니까 영어는 박자가 마구마구 변화하는 거네요.
2박자였다가 3박자, 4박자, 16박자⋯
잠깐만요.

M: 웅. 잠깐만.

J: 그렇다면 지금 원어민들은 이 박자를 다 맞춰가면서
이야기하고 있다는 건가요?

M: 그렇지.

J: 정말요?

M: 완전 잘 맞추지. 딱딱.

J: 믿어지지가 않네요, 어떻게…?

M: 믿어야 돼.

J: 진짜 이건 정말이지

M: 정말이야.

J: 아 그래서 그랬구나.

M: 뭘 그런 걸까?

J: 팝송을 들으라고 하더라고요.

M: 팝송?

J: 네. 팝송.
   팝송을 들으면 박자 감각이 생긴다고 하더라고요.

M: 팝송 좋지.

J: 팝송 중에서도 박자 감각 익히기 좋은 팝송이 있다고
   하더라고요.

M: 그래?

J: 네. 몇 개 알았었는데.

M: 아, 그랬어?

J: 왜요? 선배님.
선배님도 팝송으로 설명해 주시려고 하신거에요?

M: 팝송? 팝송은 아닌데.

J: 에이, 팝송 맞는 것 같은데요. 박자 감각하면 팝송이죠.
3박자 4박자 16박자 뭐 다양할 테니까요.

M: 그렇긴 한데.

J: 선배님은 그럼 어떤 걸로 설명해 주실 거죠?
영어 특유의 리듬 박자 감각을

M: 음

J: 음

M: 나는

J: 선배님은요

M: 음

J: 뭘까요?

M: 음

J: 음

M: 나는

J: 네.

M: 박수를 조금 응용해 볼까 해.

J: 박수요?

M: 응.

J: 아, 네,

M: 실망했어?

J: 아니요 뭐. 실망은요, 잘 배우면 되는 거죠 뭐.

M: 그렇지?

J: 네.

M: 그러면 이야기를 조금 더 진행해 볼까?

J: 네.

M: 박수를 응용해 볼 건데.

J: 네.

M: 박수에서

J: 네.

M: '수'를 '스'로 바꿔볼 거야.

J: 네?
박수에서 '수'를 '스'로요?

M: 응.

J: 그러면 '박수'에서 '수'를 '스'로 하면
'박수'에서 '박스'?

M: 그렇지 '박스'.
통이라고도 할 수 있고.

J: 아휴, 깜짝이야

M: 통으로

J: 아휴, 깜짝이야

M: 통이니까

J: 아휴, 깜짝이야

M: 통

J: 아휴 깜짝

M: 하하

J: 정말 통 소리만 들어도 깜짝 놀라네요.

M: 하하

J: 그런데 참 리듬과 박자 감각인데 박스는

M: 조금 더 이야기를 해볼까?

J: 네. 선배님.

M: 조금 전에 원어민들이

J: 네.

M: 박자를 정확히 맞춘다고 했잖아.

J: 네 정말 신기한 것 같아요.

M: 그렇지 그런데

J: 네.

M: 우리가 이렇게 한 번 생각을 해보자고

J: 어떻게 할까요?

M: 아까 말한 것처럼 박스가

J: 네 박스요.

M: 박스가 컨베이어 벨트에서

J: 컨베이어 벨트요?

M: 응, 컨베이어 벨트. 벨트에서 하나씩 하나씩 차례대로 나온다고 생각해 볼까?

J: 네.

M: 영어의 리듬은, 박자는 그런 개념으로 보면 돼.

J: 그런 개념이요?

M: 그렇지.

J: 어떤?

M: 순서대로, 규칙적으로 나오는 박스

J: 규칙적으로요?

M: 그렇지. 규칙적으로 그래서 그 박스에 한 개를 담을 수도 있고 여러 개를 담을 수도 있다는 얘기지.

J: 아! 그 박스에

M: 그렇지. 한 박스에 강세는 한 개씩 담고 약세는 나눠서 예를 들면

You like a   book and I like   music

● ● ● ● ● ●

이 문장에서는 you like book I like music 이렇게 6박자 즉 박스가 여섯 개가 되는 거야.

J: 아, 네.

M: 그리고 그 박스가 나오는 속도는 일정하다는 얘기지.

J: 아, 네네.

M: 그럼 담아볼까?

J: 네.

M: 첫 번째 박스는
You

M: 두 번째 박스는 like a

J: a 까지요?

M: 그렇지. 약세 앞에 강세가 있으면 앞쪽으로 가는 경향이 있거든.

J: 아, 네.

M: 그래서 한 박스씩 담아보면

1번박스	You
2번박스	like a
3번박스	book and
4번박스	I
5번박스	like
6번박스	music

이렇게 되지.

J: 아.

M: 박스를 보면

J: 네.

M: 두 개씩 담긴 것도 있고 한 개만 담긴 것도 있잖아.

J: 네.

M: 박스가 일정속도로 나오는데 어떤 건 한 개만 담고 어떤 건 두 개를 담아야 되니까 어떻게 해야 되겠어?

J: 음

M: 빨리 담아야 되겠지, 두 개를 담아야 하는 박스는

J: 아 그래서 들렸다 안 들렸다 하는 부분이

M: 그렇지. 빨리 담아야 되고 강세는 줘야 하니까 약세가
많이 들어있는 박스에서는 약세를 더욱 빠르고 약하게
발음하면서 넘길 수밖에 없는 거야.
그래서 우리가 듣기에 힘들어하는 거고.

J: 이야 정말.

M: 그리고 아까 조금 헷갈릴 수 있었을 거야.
강세가 있어야 하는 부분과 없는 부분을 단편적으로
얘기해서.

J: 네. 맞아요, 선배님. 아까 정말 정신 없었어요.

M: 정리를 해보면

J: 네.

M: 강세가 들어가는 단어는 의미어들이고

J: 네.

M: 약세인 단어는 주로 기능어들이지.
쉽게 이야기하면
의미 전달에 꼭 필요한 의미어와 그 의미어들의 문법적인

결합을 도와주는 기능어들.
이렇게 되어 있지.
우리가 소리 듣기에서 두 번째 세 번째 단계가 의미
파악과 연관이 있다고 했잖아.

J: 아, 네.

M: 바로 이 부분이야.

J: 아… 네.
선배님 정말 감사드려요.

M: 아. 그리고 영어는 언어잖아.

J: 네.

M: 그러니까 아까 말한 것처럼 조금씩 변형을 줄 수는 있어.

J: 아, 네. 잘 알겠습니다.

M: 또 조금씩 해가면서 스스로 해보라고.
이 리듬과 박자를 알게 되면 많은 도움이 될 거야.
영어를 하는 데 있어서.

J: 아, 네. 잘 알겠습니다.

M: 알지? 시투

J: 아, 네. 시간투자, 노력투입

M: 하하

J: 선배님 정말 감사드려요.

M: 하하. 아니야.
오늘 수고했고 늦었으니까
이만 가보자고.

J: 네, 선배님.
전화드릴게요.

M: 응, 그래.

말하기, 쓰기

M: 누구지? 아!

여보세요.

J: 선배님~

M: 응 J 후배

J: 잘 지내셨어요?

M: 응 잘 지내고 있지.

J 후배는?

J: 저도 잘 지내고 있죠.

M: 응, 그래.

듣기는?

듣기는 어때? 잘 들리던가?

J: 네, 뭐라고 뭐라고 그냥 막 하고,
들렸다 안 들렸다 하는 건 확실히 없어진 것 같아요.

M: 아 그래. 좋은 현상이야.

M: 그리고 쓰기는?
많이 썼나?

J: 쓰기요?

M: 응, 쓰기.
우리는 말해 볼 기회가 많이 없잖아.

J: 네.

M: 그러니까 많이 써 봐야 돼.

J: 네 선배님.

M: 어떤 것 같아? 쓰기.

J: 어휴 잘 안 돼요.

M: 어렵지?

J: 네 어렵더라고요.
제 생각을 직접 써 보라구 하셨잖아요?

M: 응. 그랬지.

J: 그런데 그게 정말 어렵더라고요.

M: 맞아. 어렵지. 어려운 거야.

J: 진짜 처음에는

M: 응.

J: 한 줄도 쓰기 어렵더라고요.

M: 그렇지. 한 줄도 어렵지.

J: 네, 맞아요. 선배님.
한 줄 쓰는데도 썼다 지웠다, 썼다 지웠다….

M: 하하.

J: 그래도 지금은요.

M: 응.

J: 조금씩이라도 계속 쓰다보니까

M: 응.

J: 조금은

M: 응.

J: 좋아진 것 같아요.

M: 아 그래?

J: 네.

M: 주로 어떤 내용이지?

J: 내용이요?

M: 응. 내용.

J: 그냥, 뭐 그날그날 있었던 일이나

M: 응.

J: 친구들과의 기억들

M: 응, 좋네.
일상의 느낌, 생각

J: 네.

M: 그런 내용이 좋지. 좋은 거야.

J: 네 알겠습니다. 선배님.
열심히 해보겠습니다.

M: 그래. 그러면 지금 얼마나 쓴 거야?

J: 지금요?

M: 응.

J: 한 셋… 넷… 다섯?
한 다섯 페이지 정도는 쓴 것 같은데요?

M: 다섯 페이지?

J: 네. 다섯 페이지.

M: 이야, 많이 썼네.

J: 호호.
조금씩 쓰다보니까

M: 잘했네. 좋아, 좋은 거야.

J: 네. 감사합니다.

M: 응, 그래.

J: 그리고요, 선배님.

M: 응.

J: 다섯 페이지면

M: 응.

J: 다섯 페이지 정도 될까요?
다섯 페이지니까 다섯 페이지 정도되지 않을까요?

M: 다섯 페이지?

J: 네. 다섯 페이지.

M: 음…
비슷하겠지. 바꾸는 거니까. 영어로.

J: 아, 네. 그러면 정리를 해보면
우리말로 쓰고 영어로 바꿔 쓰고 그걸 다시

M: 박자 맞춰서 읽고

J: 아, 네. 알겠습니다. 선배님.
열심히 해보겠습니다.

M: 응, 그래.

J: 또 전화드릴게요.

M: 응, 그래.

| 에필로그 |

조금 더 긴 호흡과 유연한 생각으로 영어라는 목표에 접근해
보면 어떨까 생각해 봅니다.

영어로 많은 기회를 접하고 또 그 기회에서 모든 분들이
원하는 바를 이루길 바랍니다.

여러분의 앞날에 행복과 행운이 늘 함께하기를 기대하며
바라봅니다.

마이클 K